Hendrik Talkner

Business Intelligence mit Power BI

Der Einstieg in die Self Service BI Welt – Schritt für Schritt

Bibliografische Information der Deutschen Nationalbibliothek:
Die Deutsche Nationalbibliothek verzeichnet diese Publikation in der Deutschen Nationalbibliografie;
detaillierte bibliografische Daten sind im Internet über http://dnb.dnb.de abrufbar.

© 2018 Hendrik Talkner

Verlag: BoD · Books on Demand GmbH, Überseering 33, 22297 Hamburg, bod@bod.de
Druck: Libri Plureos GmbH, Friedensallee 273, 22763 Hamburg

ISBN: 978-3-7528-0621-2

Inhaltsverzeichnis

1 Business Intelligence - Allgemein

1.1 Über dieses Buch

Herzlichen Glückwunsch! Sie haben sich zum Kauf dieses Buches und somit vermutlich auch zur Einführung von Microsoft Power BI in Ihrem Unternehmen entschieden. Oder Sie sind ein Mitarbeiter, der interessiert daran ist, eine Self Service BI-Lösung mit Microsoft Power BI aufzubauen.

Egal in welchem Fall, das Rüstzeug, um dieser Aufgabe gewachsen zu sein, halten Sie bereits in den Händen.

Sie werden im Zuge der Durcharbeitung dieses Buches feststellen, dass das Mysterium „Business Intelligence" nicht so kompliziert ist, wie es oftmals erscheint. Man kann mit geringen Kosten und einer Self Service BI-Lösung mit Leichtigkeit beeindruckende Resultate erschaffen.

Im ersten Kapital geht es um allgemeine Fragen rund um das Thema Business Intelligence. Dieses Kapitel ist vom Informationsgehalt sehr interessant und enthält die wichtigsten Fakten einfach erklärt. Es ist absichtlich oberflächlich gehalten, da man sich ansonsten zu schnell im Detail verliert und der Leser ohne große Kenntnisse von Business Intelligence schnell überfordert ist.

Im weiteren Verlauf des Buches wird es aber erst richtig interessant. Hier werde ich anhand von Beispieldaten eine Business Intelligence Umgebung erstellen.
Sie sollten diese Umgebung parallel zur Durcharbeitung dieses Buches direkt nachbauen.
Und ganz wichtig, Sie sollten bei der Erstellung verstehen, warum sich die Zahlen und Visualisierungen so verhalten, wie Sie es tun. Speziell im Kapital über DAX wird es wahrscheinlich nötig sein, die Beispiele wieder und wieder nachzuvollziehen, bis die Funktionsweise verstanden ist.

Parallel zur Durcharbeitung sollten Sie in Gedanken immer schon bei Ihrer eigenen BI-Lösung sein und überlegen, wofür das gelernte für Sie interessant sein könnte.

Nach Durcharbeitung dieses Buches werden Sie in der Lage sein, Ihre eigene Business Intelligence Lösung mittels Microsoft Power BI mit Ihren eigenen Daten zu erstellen.

Ich möchte noch darauf hinweisen, dass dieses Buch sich nicht als allumfassendes Buch über Business Intelligence oder Microsoft Power BI versteht. Sie werden sich nach dem Durcharbeiten keineswegs als BI-Profi bezeichnen können. Das erste Kapitel spiegelt an vielen Stellen zudem meine eigene Erfahrung, die ich bisher mit dem Thema Business Intelligence gemacht habe wieder.
Das Buch vermittelt die Basics, die nötig sind, Ihre eigene Business Intelligence Lösung mit Microsoft Power BI für Ihr Unternehmen aufzusetzen. An der einen oder anderen Stelle wird es vermutlich nötig sein, Ihren Horizont auszuweiten, sei es durch weitere Fachliteratur oder Recherche im Internet bei einem konkreten Problem.
Sie sollten eine gewisse Neugier mitbringen, um die Möglichkeiten in Power BI auszuprobieren, auf die ich hier nicht umfassend eingehen werde, glauben Sie mir, es lohnt sich. Und wenn die Basics erstmal verinnerlicht sind, wird Ihnen alles Weitere mit der Zeit immer leichter fallen.

Und nun wünsche ich Ihnen viel Spaß beim Lesen und Durcharbeiten dieses Buches.

Bei Fragen, Anregungen, Hinweisen, Projektanfragen oder Ähnliches können Sie mich gerne unter folgender Mailadresse kontaktieren:

Info-pbi-buch@gmx.de

1.2 Business Intelligence(BI) – was ist das eigentlich?

Business Intelligence, oder auch BI. Ein Schlagwort, mit dem man im Zuge der voranschreitenden Digitalisierung immer häufiger konfrontiert wird. Doch was verbirgt sich genau dahinter? Wenn man beginnt, danach zu recherchieren, verliert man sich schnell im Wirrwarr von IT-Fachbegriffen und man erhält schnell das Gefühl, dass das ganze Thema für ein mittelständisches Unternehmen zu überdimensioniert ist und das Thema mit eigenem Wissen nicht zu durchdringen ist.

Also, was ist BI in Kurzform?
Daten, die in einem Unternehmen an unterschiedlichen Stellen erhoben werden, werden systematisch ausgewertet und visuell ansprechend dargestellt und ausgewählten Personen zur Verfügung gestellt. Hierdurch soll durch vorhandene Daten neue Erkenntnisse gewonnen werden, die effektivere Entscheidungen ermöglichen.

So. Und nun etwas mehr im Detail:

In einem Unternehmen werden in der Regel an verschiedenen Stellen Daten erhoben und gesammelt. Zum Beispiel die Daten in der Buchhaltung und Kostenrechnung oder einem Warenwirtschaftssystem, je nach Unternehmensgegenstand sind die unterschiedlichsten Möglichkeiten denkbar.
In den meisten Unternehmen werden jedoch nicht nur Daten in ausgereiften EDV Systemen gesammelt, häufig gibt es eine Flut von Exceldateien mit unterschiedlichsten Inhalten.
All dies kann als Datenquelle für eine BI-Lösung dienen.
Ebenso können öffentlich zugängliche Daten wie z.B. eine Wetterdatenbank, oder eine Währungskurstabelle als Datenquelle einer BI-Lösung herhalten.
Je nach Gegebenheit werden diese Daten nun entweder in ein sogenanntes Datawarehouse (zentrales Datenlager) geladen oder wie im Falle von Microsoft Power BI direkt in die BI-Lösung importiert. Dies ist im Grunde genommen ebenfalls ein Data Warehouse, welches im Vergleich vom Umfang und Anspruch der Nutzung her etwas begrenzt ist.
Bevor die Daten nun optisch ansprechend angezeigt werden können, finden in der Regel noch weiterführende Berechnungen statt, um gewünschte Kennzahlen (KPIs) zu erhalten.
Wenn alle gewünschten Quelldaten angebunden sind und sämtliche Berechnungen durchgeführt wurden, werden die nun vorhandenen Daten optisch ansprechend in

Berichten mit den gewünschten Visualisierungen dargestellt. Ebenso ist es aber auch möglich, z.B. mit Excel auf die Daten zu zugreifen.

Diese Berichte oder auch Dashboards werden letztendlich den festgelegten Reportempfängern zur Verfügung gestellt.

1.3   Wofür benötige ich BI?

Sie haben nun einen sehr groben Überblick erhalten, was man sich unter einer BI-Lösung vorstellen kann.
Doch wozu benötigen Sie bei Sich eine solche BI-Lösung?

In einem Satz gesagt: Um mit Ihrer Konkurrenz mithalten zu können, die bereits auf diese Technologie setzt.

Hierzu möchte ich zunächst aber weiter ausholen.
Kommen neue Technologien auf den Markt, egal welcher Art, kann man in der Regel folgendes feststellen:
- Sie ist teuer
- Sie ist nicht ausgereift
- Möglicherweise kommt schnell eine ausgereiftere Nachfolgeversion auf den Markt
- Es ist ungewiss, ob sich die Technologie durchsetzt

Ein Unternehmer, der auf eine neue Technologie setzt, muss vergleichsweise viel Geld in die Hand nehmen, mit Problemen bei der Einführung rechnen und eine gewisse Unsicherheit in Kauf nehmen.
Das ist aber nicht alles. Er erhält natürlich im Normalfall einen Nutzen aus seiner Investition.
Durch diesen Nutzen ist er seiner Konkurrenz in einem bestimmten Bereich voraus und kann dadurch einen Vorteil erzielen.
Was macht nun aber die Konkurrenz, die nicht auf die neue Technologie gesetzt hat?
Die Antwort ist einfach. Sie macht erstmal nichts. Die Konkurrenz wartet ab, bis die anfänglichen Unsicherheiten der neuen Technologie vergessen sind, bis es erste Preissenkungen oder gar ausgereiftere Nachfolgeversionen gibt und investiert dann in die neue Technologie.
Zu dem Zeitpunkt, an dem der Konkurrent investiert, kann man also folgendes festhalten:
- Die Technologie ist erschwinglicher als zum Zeitpunkt der Markteinführung
- Die Technologie ist ausgereifter als zur Markteinführung
- Der Unternehmer weiß relativ genau, was ihn erwartet, da es bereits Vorreiter und Erfahrungswerte gibt

6

Und der Entscheidende Punkt:
Der Konkurrent, der mit der Einführung gewartet hat, ist häufig auf einen Schlag auf den gleichen technischen Stand (wahrscheinlich sogar einen besseren) wie sein Vorreiter und hat somit wieder mindestens die gleichen Voraussetzungen. Er hinkt ihm in diesem Bereich nicht hinterher.

Der Vorteil des Vorreiters war also auf einen bestimmten Zeitraum begrenzt und ist schnell aufgeholt.

Ein kurzes Beispiel hierzu:
Ein Medikamentengroßhändler mit einem Fuhrpark von 50 PKW zur Auslieferung der Medikamente an Apotheken tauscht seinen kompletten Fuhrpark gegen elektrobetriebene PKW aus, da sich das Unternehmen dadurch einen Vorteil aufgrund sinkender KFZ-Betriebskosten erhofft. Dies geschieht zur Markteinführung elektrobetriebener PKW.
Für den Unternehmer ergibt sich dadurch folgende Situation:
-   Es muss ein hoher Betrag investiert werden, da die strombetriebenen PKW zur Markteinführung sehr kostspielig sind
-   Die Autos verfügen über eine sehr geringe Reichweite
-   Das Tankstellennetz ist alles andere als flächendeckend
-   Es ist nicht sicher, ob sich die Elektrotechnologie durchsetzt; möglicherweise sind die PKW in wenigen Jahren nichts mehr Wert, da die Entwicklung der Elektrotechnologie nicht weiter verfolgt wird, das Tankstellenetz abgebaut wird, keine Ersatzteile nachproduziert werden, usw.
-   Dennoch investiert der Unternehmer in die Technologie und kann dadurch seine Kfz Kosten um 30% senken (eine rein fiktive Annahme)
-   Dies verschafft ihn einen Vorteil gegenüber seiner Konkurrenz, da er entweder seine Leistungen günstiger anbieten kann, als die Konkurrenz oder sich aber über eine höhere Marge freut.

Ein konkurrierendes Unternehmen investiert ein paar Jahre später in die neue Technologie. Zu diesem Zeitpunkt sind die entsprechenden Fahrzeuge bereits günstiger in der Anschaffung, es gibt bereits Nachfolger der 1. Generation, die technisch ausgereifter sind, die Akkus verfügen über eine größere Reichweite, das Tankstellennetz ist weiter ausgebaut und es zeichnet sich ab, dass es sich bei den elektrobetriebenen PKW um die Technologie der Zukunft handelt.

Der Konkurrent schafft es durch Umstellung auf die neue Technologie, seine Kfz-Kosten sogar um 40% zu senken.

Der Vorteil des Vorreiters war also bis zu diesem Zeitpunkt begrenzt und ist mit einem Schlag von der Konkurrenz wieder aufgeholt. Beide Unternehmen verfügen in dem Bereich der Kfz-Kosten wieder über nahezu identische Voraussetzungen.

Diese eben beschriebene Logik lässt sich allerdings nicht auf das Feld Digitalisierung oder Business Intelligence übertragen.

Wer nun denkt, zum geeigneten Zeitpunkt auf den fahrenden Zug aufzuspringen und damit rechnet, den gleichen Vorteil, bei geringeren Kosten, besserer Technologie und reibungsloserer Einführung zu erhalten, der wird feststellen, dass die Rechnung an dieser Stelle nicht aufgeht. Wieso das so ist? Die Einführung einer Business Intelligence Lösung lässt sich nicht mit der Einführung anderer Technologie vergleichen. Bei der Einführung einer Business Intelligence Lösung handelt es sich nicht um ein einmaliges Projekt, welches nach der Einführung abgeschlossen ist.
Vielmehr werden nach der Einführung evtl. weitere Quellsysteme angebunden, aufgrund des Erkenntniszuwachses weitere Auswertungen integriert, wodurch für den Unternehmer mit der Zeit mehr und mehr Vorteile generiert werden.
Das System wird stets weiterentwickelt um seinen vollen Nutzen entfalten zu können.

Das bedeutet also, wenn Sie jetzt eine BI-Lösung in Ihrem Unternehmen einführen, hinken Sie Ihrer Konkurrenz, die dieses vor zwei Jahren gemacht hat, immer noch hinterher, da der Konkurrent seine BI-Lösung mit der Zeit weiter entwickelt hat und Sie nicht auf dem identischen Stand sind und auch nicht direkt auf diesen Stand einsteigen können. Der Vorteil, den der Konkurrent bis zur Einführung der BI-Lösung in Ihrem Unternehmen hatte, ist also immer noch vorhanden.
Es ist ratsam, schnellstmöglich die Einführung einer BI-Lösung zu realisieren, da Ihr Nachteil gegenüber der Konkurrenz ansonsten weiter und weiter wächst.

Diese Erkenntnis zu erlangen ist ein enorm wichtiger Schritt. Das Problem bei der Einführung von Business Intelligence im Gegensatz zu anderen Technologien (z.B. Elektroauto) ist, dass der Nutzen auf dem ersten Blick nicht transparent ist, da vielleicht auch unklar ist, was BI überhaupt ist (bei Investition in Elektroautos ist klar, dass man dadurch eine direkte Kostensenkung erzielen kann).

Es schmerzt den Unternehmer also nicht, keine BI-Lösung zu haben, da ja auch so alles funktioniert.

Sie merken also nicht einmal, dass Ihnen etwas fehlt. Sie werden es irgendwann indirekt spüren, wenn Sie z.B. nicht mehr mit den Preisen der Konkurrenz mithalten können, da dieser Aufgrund der Möglichkeiten einer BI-Lösung Kosteneinsparungspotentiale erzielt, sein Umsatz steigern kann oder ähnliches, wozu Sie nicht in der Lage sind.

Okay, nun aber konkreter. Für welchen Einsatzzweck benötige ich BI?

Stellen Sie sich folgendes vor, vielleicht entspricht dies sogar so oder so ähnlich der Realität bei Ihnen im Unternehmen:

Sie als Geschäftsführer sehen sich die GuV des letzten Monats an und stolpern über die Höhe des Umsatzes. Sie sind der Meinung, dass der Umsatz ungewöhnlich hoch ist. Das ist natürlich sehr gut, aber Sie möchten wissen, was dahinter steckt. Was tun Sie? Sie rufen in der Buchhaltung an mit der Bitte, dass für Sie eine Liste aufbereitet wird, aus welcher hervorgeht, wie sich der Umsatz des letzten Monats zusammensetzt.

Ein paar Stunden später erhalten Sie die gewünschte Liste. Bei Betrachtung der Liste stellen Sie fest, dass Ihnen für die Analyse ein Bezug zu den anderen Monaten fehlt.

Sie Fragen also erneut in der Buchhaltung nach einer entsprechenden Liste an, welche Sie am nächsten Morgen erhalten.

Am nächsten Tag widmen Sie sich also der Analyse. Die Umsatzaufteilung in der Buchhaltung erfolgt nach Kunden. Sie sehen nun also, welcher Kunde in welchem Monat wieviel Umsatz bei Ihnen gemacht hat in tabellarischer Form.

Sie identifizieren also schließlich den Kunden, der für das Umsatzwachstum im letzten Monat verantwortlich ist. Doch was nun, welches Ihrer Produkte hat der Kunde denn überhaupt bei Ihnen in ungewöhnlich hohem Maße bezogen?

Sie Rufen also Ihren Vertrieb an mit der Bitte, Ihnen eine entsprechende Auswertung zur Verfügung zu stellen....

Diese Situation so oder so ähnlich kennt sicher jeder. Im Endeffekt wird es in diesem Beispiel einen ganzen Tag gedauert haben, bis Sie eine Antwort auf Ihre Frage erhalten haben und insgesamt waren zwei Mitarbeiter ein paar Stunden beschäftigt.

Hätten Sie eine BI-Lösung, würde die gleiche Situation wie folgt ablaufen:

Sie öffnen den GuV Bericht in Ihrer BI-Lösung. Der Bericht ist optisch ansprechend gestaltet mit monatlichem Verlauf. Es fällt sofort ins Auge, dass der Umsatz im letzten Monat ungewöhnlich hoch ist.

Sie klicken auf die vorkonfigurierte Umsatzauswertung. Hier erkennen Sie innerhalb weniger Sekunden, welcher Kunde im letzten Monat für den erhöhten Umsatz verantwortlich war. Ein weiter Klick und Sie können sehen, mit welchen Produkten der Umsatz zustande gekommen ist.

Hier waren Sie im Endeffekt eine Minute mit der Informationsbeschaffung beschäftigt und Ihre Mitarbeiter konnten sich auf ihre eigentlichen Aufgaben konzentrieren.

Im Allgemeinen kann man also sagen:

Nahezu immer, wenn Ihre Mitarbeiter damit beschäftigt sind, Informationen zum Zweck der Beantwortung einer bestimmten Fragestellung oder eines Problems aufzubereiten (Schaffung von Transparenz einer Business Situation), kann dieser Prozess mittels einer BI-Lösung automatisiert werden.

Dies spart Arbeitszeit der Mitarbeiter ein, in der sie sich anderen Aufgaben widmen können. Zum anderen gibt es einen extremen Geschwindigkeitszuwachs bei der Informationsgewinnung. Dies kann je nach Situation und Ausgangslage einen entscheidenden Erfolgsfaktor in Ihrem Unternehmen darstellen.

An dieser Stelle schafft die BI-Lösung also einen direkten Mehrwert für Ihr Business, da Sie

1. Zeit sparen
2. Entscheidungen schneller treffen können
3. Ihre Mitarbeiter keine Zeit verschwenden für Tätigkeiten, die automatisiert werden können.

Es spielt bei der automatisierten Auswertung keine Rolle, ob es sich um eine einmalige Fragestellung wie im vorangegangenen Beispiel handelt oder um eine regelmäßige Tätigkeit (z.B. monatliche Aufbereitung von Umsatzzahlen für die Vertriebsmitarbeiter) oder auch tägliche Auswertungen.

Ebenso spielt die Art der Daten keine Rolle. Im vorangegangenen Beispiel handelt es sich zum Beispiel um eine Kombination aus Daten aus der Buchhaltung und aus dem Vertrieb.

Was ausgewertet werden kann ist selbstverständlich abhängig von den Datenquellen, die an die BI-Lösung angebunden werden.

Ebenso sollten die Berichte nicht der Geschäftsleitung oder den Abteilungsleitern vorbehalten sein.

Jeder Mitarbeiter sollte von dem Geschwindigkeitszuwachs in der Informationsgewinnung profitieren und von den zusätzlichen Erkenntnissen, die durch die Datenanalyse möglich ist. Sie müssen dabei aber nicht jedem Mitarbeiter sämtliche Informationen offen legen. Über ein Berechtigungskonzept ist steuerbar, wer was sehen darf.

Hier noch ein weiteres schönes Anwendungsbeispiel:

Stellen wir uns ein regional tätiges Bäckereiunternehmen vor mit sechs Filialen, die täglich mit Ware beliefert werden.

Jeden Abend werden in den Filialen Backwaren für eine hohe Summe entsorgt, da sie nicht verkauft werden. Auf der anderen Seite kommt es immer wieder vor, dass einige Artikel abends restlos ausverkauft sind.

Die Vermutung liegt nahe, dass man noch mehr Umsatz hätte machen können, wenn man von den ausverkauften Produkten mehr in die Filiale geliefert hätten.

Außerdem wäre unser Gewinn höher, wenn wir weniger von den Produkten in die Filiale geliefert hätten, die abends entsorgt werden mussten.

Wie soll ich aber die optimale Liefermenge bestimmen? Dazu muss erstmal analysiert werden, wovon die Anzahl der verkauften Produkte abhängig ist. Angenommen, es wurde festgestellt, dass dieses vom Wetter abhängig ist.

Was wird also getan? Es wird eine Wetterdatenbank an die BI Lösung angebunden und analysiert, bei welchen Wettergegebenheiten welche Produkte wie oft verkauft werden.

Diese Erkenntnis wird kombiniert mit der Wettervorhersage des nächsten Tages und wir erhalten die optimale Liefermenge für die einzelnen Produkte.

Sofern die Verkäufe tatsächlich wetterabhängig sind, wird die Rentabilität der Bäckerei durch diese automatisierte Analyse gesteigert werden.

Die optimale Liefermenge wird nicht für jeden Tag ideal berechnet sein, aber nach dem Gesetz der großen Zahlen wird der Profit über die Zeit gesteigert.

An diesem Beispiel wird auch schön deutlich, was essentiell wichtig ist für eine derartige Analyse: Daten!

Die Analyse wird keine nutzbaren Ergebnisse liefern, wenn uns nur die Verkaufsdaten von einem Monat aus der Vergangenheit vorliegen.

Ebenso ist es notwendig, dass die Daten so erfasst werden, dass man sie überhaupt auswerten kann. Oder mit anderen Worten: Wenn nirgendwo genau festgehalten ist, was wann an die einzelnen Filialen geliefert wurde und was davon verkauft und was entsorgt wurde, ist eine derartige Auswertung nicht durchführbar.

Zusammenfassend möchte ich nochmal verdeutlichen, eine BI-Lösung kann Ihnen eine unheimlich hohe Transparenz Ihrer Geschäftsprozesse verschaffen. Dies sorgt für einen extremen Geschwindigkeitszuwachs bei der Informationsbeschaffung und somit auch bei Ihren Entscheidungen, was Ihnen gegenüber Ihrer Konkurrenz einen klaren Wettbewerbsvorteil verschaffen kann.

1.4 Die neue Rolle des Controllers im Unternehmen

Den Vorteil einer BI-Lösung stehen im Allgemeinen vier Nachteile / Risiken gegenüber, welche erstmal bewertet werden müssen.

1. Eine Einführung ist mit Kosten verbunden

Klar, die Einführung neuer Technologie ist nahezu immer mit Kosten verbunden und muss immer gegen den Nutzen abgewogen werden.

Eine professionelle BI-Lösung kann schnell enorme Kosten durch die Einführung verursachen. 10.000€ sind hier sehr schnell verbraucht und genügen in den seltensten Fällen selbst für eine kleine Lösung.

Wenn aufgrund der Anforderungen eine Self-Service BI-Lösung denkbar ist, sollte dieser Weg meiner Meinung nach vorerst gegangen werden.

Hier sind die Kosten überschaubar. Die benötigten Softwarelizenzen sollten selbst für Kleinstunternehmen erschwinglich sein und ansonsten wird ein (oder auch mehrere) engagierter Mitarbeiter benötigt, der pfiffig in Excel ist, sich im Allgemeinen ein wenig mit IT auskennt, einer neuen Technologie aufgeschlossen gegenüber steht und willig ist, sich mit dieser auseinander zu setzen.

Je mehr Kapazität der Mitarbeiter in das BI-Projekt investieren kann, umso schneller werden natürlich Ergebnisse erzielt.

Zu bedenken ist natürlich, dass seitens des Mitarbeiters zuerst Know How aufgebaut werden muss, bevor verwertbare Ergebnisse erzielt werden.

Wird irgendwann später entschieden, eine professionelle BI-Lösung zu integrieren, kann man in der Regel Vieles aus der Self-Service Lösung übernehmen. Noch dazu kommt, dass man an diesem Punkt bereits über Kenntnisse im BI-Bereich verfügen wird und besser einschätzen kann, was überhaupt wirklich benötigt wird und nicht den teuren Beratern eines IT Hauses ausgeliefert ist.

2. Es wird jemand benötigt, der so ein System bedienen kann

Dieser Punkt ist bezogen auf eine Self-Service Lösung leicht abzuhandeln. Wenn ein Mitarbeiter Ihres Unternehmens dazu in der Lage ist, eine Self-Service BI-Lösung aufzusetzen, ist er auch in der Lage, diese zu bedienen. Es ist natürlich dafür zu sorgen, dass das Wissen innerhalb des Unternehmens transferiert wird, so dass eine Vertretung zur Verfügung steht, für den Fall, dass der Mitarbeiter ausscheidet, im Urlaub ist, oder krankgeschrieben ist.

Ebenso muss berücksichtigt werden, dass das BI-System mit der Zeit mehr und mehr wächst. Der verantwortliche Mitarbeiter muss dabei großes Augenmerk darauf legen, dass die Lösung für ihn weiter handelbar ist.

Für die Konsumenten der Auswertungen genügt in der Regel eine kurze Einweisung.

3. Projekte zur Einführung einer BI Lösung scheitern relativ häufig

Viele BI-Projekte scheitern, das ist leider fakt. Aber auch in diesem Punkt muss man differenzieren zwischen der professionellen BI-Lösung und einer Self Service BI-Lösung.

Diesbezüglich ist es von sehr großem Vorteil, aus eigener Kraft eine Self-Service Lösung aufzusetzen. Die Wahrscheinlichkeit des Scheiterns ist als eher gering anzusehen. Hier kann klein mit eigenen Kapazitäten angefangen werden, ohne Einsatz eines großen Budgets. Selbst wenn das Projekt scheitern sollte, ist der Schaden also überschaubar.

Wird eine professionelle BI-Lösung durch einen IT-Dienstleister erschaffen, steht man häufig vor dem Problem, dass die Fachabteilungen des eigenen Unternehmens und die Programmierer des Dienstleisters eine große Zahl an Feedbackschleifen drehen müssen, bis die gewünschten Business Logiken so implementiert sind, wie es tatsächlich im Sinne der Fachabteilungen sein soll.

Dies ist dadurch begründet, dass die Programmierer des Dienstleisters auf genaue Definitionen der Business Logiken angewiesen sind, da Sie das Unternehmen nicht kennen und sich in der zur Verfügung stehenden Zeit meist auch nicht ausreichend mit den Prozessen im Unternehmen vertraut machen können. Die Mitarbeiter der Fachabteilungen hingegen stehen vor der schwierigen Aufgabe, den Programmierern die zu implementierenden Business Logiken zu erläutern. Dies scheint deshalb so schwierig, da es sich hier um das Tagesgeschäft der Mitarbeiter handelt. Es wird im Normalfall nicht über tiefergehende Prozessschritte nachgedacht. Nun muss aber den Programmierern im Detail über alles Relevante berichtet werden; und das so, dass dieser die Erklärung in Programmiersprache übersetzen kann. Hier werden häufig unbewusst Informationen nicht an die Programmierer weitergegeben, die Programmierer verstehen die Business Logiken falsch, oder es wird nach der Implementierung festgestellt, dass die Anforderungen doch anders sind und es muss an der Programmierung nachgebessert werden. Zu diesem Zeitpunkt sind vermutlich bereits mehrere Tausend Euro Budget verbraucht.

Dies führt zu Frustration auf beiden Seiten, kann schnell zu einer Überschreitung des geplanten Budgets führen und möglicherweise sogar zum Scheitern des Projektes, wenn der Verantwortliche das Gefühl bekommt, dass unkalkulierbar ist, wie viel Budget überhaupt noch zur Fertigstellung benötigt wird.

4. Wenn Ihnen die Self-Service Lösung über den Kopf wächst

Sie werden sehen, es wird nicht lange dauern, bis Sie über eine brauchbare Self-Service BI Lösung verfügen.

Sie werden begeistert sein von den neuen Möglichkeiten, die Ihnen und Ihren Mitarbeitern zur Verfügung stehen.

Schnell kommt der Wunsch auf nach neuen Berichten, Dashboards und Auswertungen auf. Auch hier werden Ihre Erwartungen erfüllt werden. Die Self-Service BI Lösung wächst und wächst.

Je nach Komplexität besteht das Risiko, dass irgendwann der Punkt kommt, an dem das System durch Ihre Mitarbeiter nicht mehr handelbar ist, dadurch Fehler in den Zahlen verursacht werden, oder durch eine Vielzahl von Berichten und Dashboards die Übersicht verloren geht.

Das System verliert dadurch die Akzeptanz der Mitarbeiter.

Einmal an diesem Punkt angelangt (natürlich wäre es vorteilhafter, es überhaupt nicht soweit kommen zu lassen), muss abgewogen werden, was die besten Alternativen zur Fortführung sind. Mögliche Alternativen können sein:

- Die vorhandene Self Service BI-Lösung in eine professionelle BI-Lösung mit echtem Data Warehouse und ETL-Prozessen umbauen. Auf die bereits implementierten Business Logiken kann meist aufgebaut werden
- Die vorhandene Self Service BI-Lösung auf das Wesentliche reduzieren, den Inhalt zu überdenken und sie dadurch wieder besser handelbar zu machen
- Mehr Kapazität in die Optimierung der vorhandenen Self Service BI-Lösung stecken (evtl. auch Weiterbildung für die verantwortlichen Mitarbeiter), möglicherweise kann man die Lösung selbst so umbauen, dass sie wieder handelbar ist

An dieser Stelle möchte ich den Titel dieses Kapitels nochmal in Erinnerung rufen: „Die neue Rolle des Controllers im Unter-nehmen".

Aber was hat nun der Controller damit zu tun?

Kurz gesagt, zu den Aufgaben eines Controllers gehört es, für Transparenz im Unternehmen zu sorgen und auch der Geschäftsleitung Daten als Entscheidungsvorlage aufzubereiten.

Wenn diese Aufgabe (ganz oder teilweise) aber nun von einem BI-Tool übernommen wurde, wieso soll der Controller nicht derjenige sein, der die Self Service Lösung aufsetzt, verwaltet und weiterentwickelt?

Er ist die beste Antwort auf die drei oben beschriebenen Risiken und verfügt im Normalfall über die besten Voraussetzungen für diese Rolle:

- Eine strukturierende Denkweise
- Strukturierte und analytische Denkweise
- Profi im Umgang mit Excel
- Er kennt die Prozesse und Zusammenhänge des Unternehmens
- Aufgrund der Position in der er tätig ist, ist davon auszugehen, dass er über genug Auffassungsgabe verfügt, dieses Thema zu beherrschen

Wenn also die Frage aufkommt, wer im Unternehmen sich dieser anspruchsvollen Aufgabe widmen soll, so wäre der IT Affine Controller sicher ein sehr gut geeigneter Kandidat, sofern vorhanden.

1.5 Ist mein Unternehmen bereit für BI?

Ich behaupte, fast jedes Unternehmen ist bereit für BI mit Microsoft Power BI. Technisch sind folgende Voraussetzungen notwendig:
1. Internetanschluss
2. PC / Laptop
3. Power BI Desktop (kann kostenlos heruntergeladen werden)
4. Power BI Lizenz(en) – eine für jeden Reportempfänger
5. Microsoft Excel – Ist grundsätzlich nicht notwendig, es ist in
   vielen Fällen jedoch sinnvoll, eine Exceldatei als Datenquelle anzubinden. Um diese anpassen zu können, sollte Excel
   Vorhanden sein.

Das sind grundsätzlich erstmal die notwendigen technischen Voraussetzungen.
Was zusätzlich zwingend noch erforderlich ist, sind auswertbare Daten Ihres Unternehmens in digitaler Form.
Diese können zum Beispiel vorliegen in SQL Tabellen, ERP-Systemen, Buchhaltungs- und Warenwirtschaftsprogrammen, CRM Lösungen, Exceldateien, CSV Dateien und und und.

Sie sehen, technisch sind die Voraussetzungen nicht besonders groß und werden wohl von so ziemlich jedem Unternehmen in Deutschland erfüllt.
Bei der Frage, ob Ihr Unternehmen bereit ist für BI spielt die Art, Größe und der Lebenszyklus auch eine Rolle.
Stellen Sie sich vor, Sie sind der Betreiber eines einzelnen Kiosks. Technisch erfüllen Sie sicherlich die Voraussetzungen.
Ihre Buchhaltungsdaten liegen in digitaler Form vor und evtl. auch auswertbare Daten aus Ihrem Kassensystem.
In diesem Fall muss man sich allerdings die Frage stellen, ob man mit der Einführung einer BI-Lösung nicht mit Kanonen auf Spatzen schießt.
Hier muss je nach Einzelfall abgeschätzt werden, ob die Kosten der Einführung nicht den Nutzen überschreitet.

Hin und wieder stößt man auf Angebote von IT-Dienstleistern, die sogenannte BI-Readiness Checks anbieten. Hier überprüft ein Experte die technischen Voraussetzungen für die Einführung einer BI-Lösung in Ihrem Unternehmen.

Lassen Sie sich hierdurch nicht verunsichern, sofern Sie obige Bedingungen erfüllen, steht der Einführung einer Self Service BI Lösung nichts mehr im Wege.

Bei einem BI-Readiness Check wird die System- und Prozesslandschaft Ihres Unternehmens dahingehend überprüft, ob ein gewisser Reifegrad vorhanden ist, welcher nötig ist, um eine professionelle BI-Lösung zu implementieren.

Bei der Erstellung einer Self Service BI-Lösung ist dies nicht notwendig, da die Voraussetzungen weitaus geringer sind.

1.6 Zwei grundsätzliche Vorgehensweisen

Ich unterscheide grundsätzlich zwischen zwei unterschiedlichen Ansätzen bei der Erstellung einer BI-Lösung. Für den Self Service Bereich kommt meines Erachtens nach nur die zweite Variante in Frage:

1. Prozessorientierter Ansatz:
Hier wird vor der Programmierung der BI-Lösung die Prozess- und Systemlandschaft analysiert. Wenn festgestellt wird, dass für gewünschte Auswertungen oder KPIs die Prozesse noch nicht so gestaltet sind, dass die Resultate vollautomatisch ermittelt werden können, wird zuerst der Prozess umgestaltet und anschließend mit der Implementierung begonnen. Außerdem wird die Datengrundlage direkt mittels eines ETL Prozesses angebunden, um die Daten direkt und vollautomatisch aus dem Vorsystem abzugreifen. Daraus resultieren folgende Vor- und Nachteile:

Vorteile:
- Nach Fertigstellung verfügen Sie direkt über das optimale Ergebnis

Nachteile:
- Nachdem ein unzureichender Prozess umgestaltet wurde, ist es immer noch möglich, dass die Implementierung scheitert aufgrund von Fakten, die vorab falsch eingeschätzt oder nicht berücksichtigt wurden; in diesem Fall wurde an dieser Stelle bereits Zeit und Geld in die Umgestaltung eines vorgelagerten Prozesses investiert
- Es dauert unter Umständen sehr lange, bis ein Ergebnis erzielt wird
- Es ist möglich, dass nach Fertigstellung festgestellt wird, dass das Ergebnis doch nicht die Anforderungen erfüllt. In diesem Fall wurde hier auch unnötig Zeit und Geld verschwendet

2. Lösungsorientierter Ansatz
Bei diesem Ansatz wird mit aller Gewalt in kürzester Zeit ein Ergebnis erzwungen. Es kann hier durchaus sein, dass die benötigten Daten in verwertbarer Form überhaupt noch nicht existieren und hart in einer Exceltabelle eingetragen werden. Alternativ werden die benötigten Daten häufig auch aus dem entsprechenden System exportiert und in einer Exceldatei gespeichert.
Das BI Tool greift direkt auf die Daten der Exceldatei zu, führt notwendige Berechnungen durch und visualisiert die Ergebnisse.

Die Ergebnisse können anschließend von den Reportempfängern betrachtet und bewertet werden. Es kann bereits mit den Berichten gearbeitet werden; deshalb ist es sehr wichtig, dass trotz dieser schnellen Lösung die Berichte korrekte Zahlen ausweisen, um die Akzeptanz der Reportempfänger nicht zu verlieren.

Wenn sich die Ergebnisse bewähren wird nun nach und nach an der Automatisierung der Berichtserstellung gearbeitet. Es wird eine direkte Verbindung zum Vorsystem aufgebaut, unzureichende Vorprozesse können umgestaltet werden, Aktualisierungsintervalle werden definiert usw.

Dieser Ansatz hat folgende Vor- und Nachteile:

Vorteile:
-   Es liegt sehr schnell ein Ergebnis vor
-   Durch die Geschwindigkeit sind bis zu diesem Zeitpunkt relativ geringe Kosten angefallen
-   Es kann direkt am Ergebnis geprüft werden, ob die gewünschte Auswertung den Anforderungen entspricht und wenn dies nicht der Fall sein sollte, kann mit ruhigerem Gewissen das Ergebnis (oder ein Teil davon) verworfen werden

Nachteile:
-   Es ist vorerst nur eine Behelfslösung
-   um den Bericht zu aktualisieren sind meist manuelle arbeiten notwendig, solange die Lösung nicht endgültig fertig gestellt ist

1.7 Ergebnisse definieren

Vor Beginn der Arbeiten sollte das Ziel genau definiert werden, so fällt es Ihnen leichter gezielt auf das Ergebnis hinzuarbeiten.

Im Nachfolgenden finden Sie ein ausgefülltes Muster, welches Sie als Zieldefinition für einen Bericht verwenden können.
Das Muster ist einfach gestaltet, beschränkt sich auf das Wesentliche, aber ist dennoch sehr hilfreich, um bei einer Vielzahl von zu erstellenden Berichten oder bei einer Vielzahl auszuwertender Informationen innerhalb eines Berichts nicht den Überblick zu verlieren.

An dieser Stelle ist auch nochmal hervorzuhaben, dass es Sinn macht, Microsoft Power BI in Kombination mit Microsoft Excel zu verwenden. Hier kann man schnell eine Datenanbindung zu den gewünschten Daten erstellen durch Exporte aus Vorsysteme.

Name des Berichts: Umsatzbericht

Gewünschter Berichtsinhalt	Datenherkunft	Vorgehen zur Datenbeschaffung
Umsatzhöhe in Euro als Kennzahl	Buchhaltungssoftware	Eine direkte Anbindung wird aufgrund zu hoher Komplexität vorerst nicht vorgenommen; es wird eine Summen- und Saldenliste (oder noch besser Buchungsjournal) in Excel exportiert und damit gearbeitet.
Es soll ersichtlich sein, mit welchen Kunden wieviel Umsatz generiert wurde.		Sollte der Bericht den erwarteten Nutzen erfüllen, kann über eine direkte Datenanbindung an die Buchhaltungssoftware nachgedacht werden. Außerdem müssen die Kundenstammdaten exportiert werden, um die Kundennamen anzeigen lassen zu können.
Der Umsatz soll auch im monatlichen Verlauf dargestellt werden		
Unsere Kunden sind in klein, mittel und große Kunden eingeteilt; dies soll auch auswertbar sein	Exceltabelle	Die Kundeneinteilung ist in keinem unserer EDV-Systeme hinterlegt. Sie wird aber in einer Exceldatei gepflegt. Für den Bericht wird die Exceltabelle angebunden. Sollte der Bericht die Erwartungen erfüllen, wird die Einteilung in den Kundenstammdaten gepflegt, um auch diese Daten vollautomatisiert abgreifen zu können.

22

2 Microsoft Power BI

2.1 Einleitung

Es gibt verschiedene Softwarelösungen, mit denen Sie eine Self Service BI Lösung aufsetzen können. Microsoft Power BI ist eine relativ neue Software, die aus den Excel Add-Ins Power Query, Power Pivot, Power View und Power Map entstanden ist. Seit 2016 wird Power BI extrem gepushed von Microsoft und stetig weiterentwickelt. Es gibt monatliche Updates, teilweise mit bahnbrechenden neuen Features.

Ich selbst arbeite sehr gern mit Microsoft Excel, weshalb ich Microsoft Power BI anderen Self Service BI Lösungen vorziehe. Ich behaupte, wer sich in Excel gut auskennt und gerne damit arbeitet, wird Microsoft Power BI lieben und von den Möglichkeiten zur Automatisierung von Arbeiten begeistert sein.

2.2 Kosten & Einrichtung

Um Microsoft Power BI nutzen zu können, müssen Sie zuerst Microsoft Power BI Desktop aus dem Internet herunterladen und auf Ihrem PC installieren.

Power BI Desktop ist die App, in der Sie Daten an einen Bericht anbinden, Berechnungen durchführen und Visualisierungen erstellen.

Bis zu diesem Punkt ist die Nutzung von Power BI noch völlig kostenlos. Erst wenn Sie sich dazu entschließen, einen Bericht anderen Personen zur Verfügung zu stellen, fallen Kosten wie im Folgenden an.

Das bedeutet, Sie können direkt kostenlos in vollem Umfang mit dem Arbeiten anfangen, sich mit dem Programm vertraut machen und Ergebnisse erzielen, ohne Geld ausgegeben zu haben. Erst wenn Sie die Ergebnisse in das Power BI Online Portal geladen werden, um sie ihren Kollegen zur Verfügung stellen möchten, müssen Sie Geld in die Hand nehmen.

Eine Power BI Lizenz kostet derzeit etwas unter 10€ je Nutzer und Monat. Es wird je Lizenz ein Abonnement über eine Laufzeit von einem Jahr abgeschlossen.

Wieviel Lizenzen Sie benötigen ist davon abhängig, wie vielen Nutzern Sie die Berichte zur Verfügung stellen möchten.

An dieser Stelle möchte ich nochmals darauf hinweisen, dass eine BI Lösung ihre volle Stärke entfaltet, wenn viele Mitarbeiter eines Unternehmens Zugriff darauf erhalten, sofern dieses für ihre tägliche Arbeit auch Sinn macht. Durch Berechtigungskonzepte und Rollenzuweisung ist leicht zu steuern, wer welche Informationen sehen soll.

Wenn Sie eine Power BI Lizenz erworben haben, benötigen Sie nur noch ein kostenloses Microsoft Konto, um sich im Power BI Online Portal anmelden zu können.

2.3 Eine Übersicht – was ist die Idee von Power BI?

An dieser Stelle des Buches sind bereits viele Begriffe durch den Raum geflogen, wie Power BI Desktop, Power BI Online Portal, Berichte, Datenquellen usw. Da Ihnen im Moment vermutlich noch der Gesamtzusammenhang fehlt, erhalten Sie hier eine Erläuterung der grundsätzlichen Funktionsweise von Power BI.
Dafür habe ich eine grafische Übersicht erstellt, die Sie bitte beim Lesen der nachfolgenden Sätze nachvollziehen.

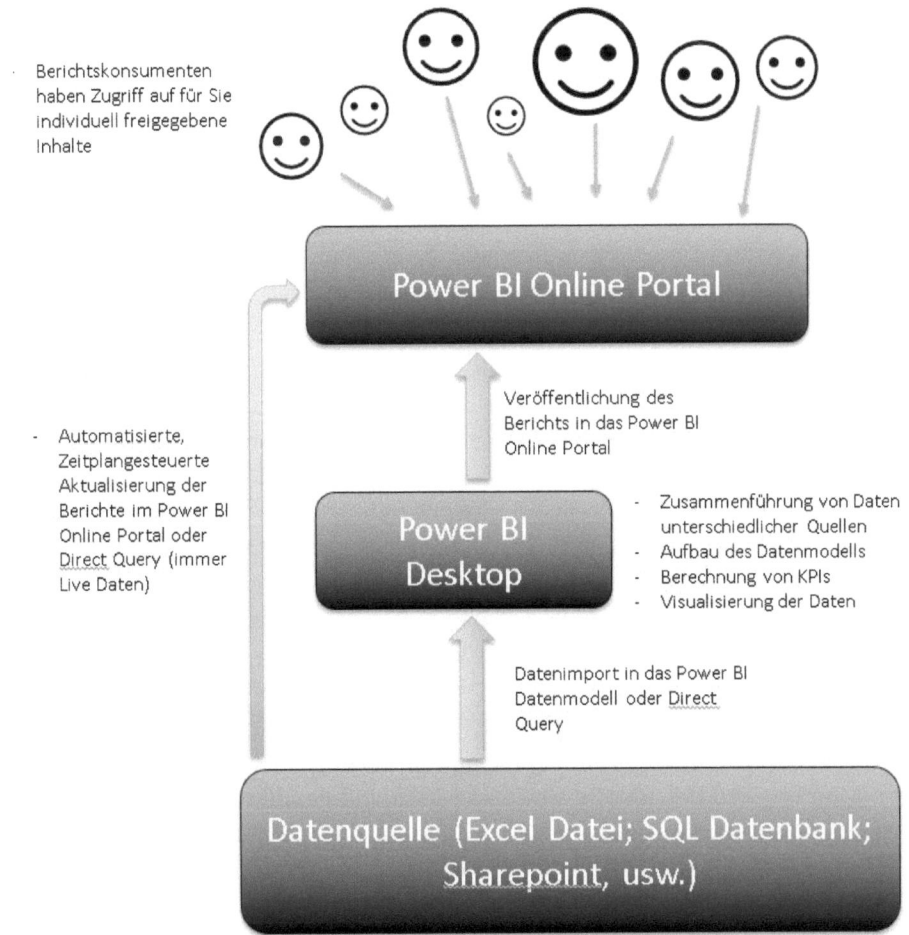

- Berichtskonsumenten haben Zugriff auf für Sie individuell freigegebene Inhalte

Power BI Online Portal

Veröffentlichung des Berichts in das Power BI Online Portal

- Automatisierte, Zeitplangesteuerte Aktualisierung der Berichte im Power BI Online Portal oder Direct Query (immer Live Daten)

Power BI Desktop

- Zusammenführung von Daten unterschiedlicher Quellen
- Aufbau des Datenmodells
- Berechnung von KPIs
- Visualisierung der Daten

Datenimport in das Power BI Datenmodell oder Direct Query

Datenquelle (Excel Datei; SQL Datenbank; Sharepoint, usw.)

Im Zentrum Ihrer BI Lösung steht immer eine Power BI Desktop Datei. Dies ist eine übliche Datei, die Sie an einem beliebigen Ort auf Ihrem Computer speichern können, so wie z.B. eine Word oder Exceldatei. Eine Power BI Desktop Datei hat die Endung .pbi (im weiteren Verlauf verwende ich den Begriff „PBI Datei").

In der PBI Datei werden zuerst Verbindungen zu Datenquellen aufgebaut, welche Sie für Ihre Dashboards und Berichte verwenden möchten. Datenquellen können zum Beispiel sein ERP Systeme, Buchhaltungsprogramme, Exceldateien, SQL Datenbanken, Sharepointseiten, Daten aus dem Internet usw. Die Möglichkeiten sind nahezu grenzenlos.

Für ein Dashboard können in einer PBI Datei auch mehrere Datenquellen angezapft werden und diese kombiniert werden.

In dem Moment, in dem die Verbindung zwischen der PBI Datei und der Datenquelle hergestellt wird, werden die angezapften Daten in die PBI Datei geladen und dort abgespeichert (die Daten in der Quelldatenbank bleiben natürlich unverändert erhalten). Es besteht dadurch keine Echtzeitverbindung zwischen der PBI Datei und der Datenquelle. Wenn sich Daten der Datenquelle ändern, ändern sich also nicht die Daten, die zuvor in die PBI Datei geladen wurden, hierzu wäre es notwendig, den „Aktualisieren" Button in PBI Desktop zu betätigen.

In der PBI Datei wird nun ein Datenmodell aufgebaut, Berechnungen eingerichtet und die Ergebnisse visualisiert. Sobald Ihre Ergebnisse zufriedenstellend sind und Sie Ihre Berichte weiteren Kollegen zur Verfügung stellen möchten, veröffentlichen Sie diese im Power BI Online Portal (dies geschieht durch einen Button in Power BI Desktop).

Sobald die Berichte Online gestellt sind, können Sie festlegen, wer überhaupt Zugriff auf die Berichte haben soll und was genau die einzelnen Personen sehen dürfen.

Jetzt können die Berichte von allen Reportkonsumenten, denen die Daten freigegeben wurden, über Ihren Power BI Online Zugang eingesehen werden.

Wie ich weiter oben bereits erwähnt habe, gibt es keine Echtzeitverbindung zwischen den Quelldaten und der PBI Datei. In der PBI Datei sind nur die Daten gespeichert, die zum Anzapfungszeitpunkt vorhanden waren.

In dem Moment, wo der Bericht in Power BI Online geladen wurde, wurde der Bericht auch mit genau diesen Daten hochgeladen. Auch hier besteht keine Echtzeitverbindung zur Datenquelle. Der Bericht würde ohne weitere Handlungen also unverändert bleiben, obwohl sich die Daten in der Datenquelle möglicherweise ständig ändern.

Ein BI System lebt jedoch davon, dass die angezeigten Daten aktuell sind. Damit den Reportempfängern aktuelle Daten im Bericht angezeigt werden, gibt es nun zwei Möglichkeiten.

1. Der manuelle Weg:
Jedes Mal, wenn Sie möchten, dass Ihre Dashboards aktualisiert werden, gehen Sie in die PBI Datei, betätigen den Aktualisieren Button und laden den Bericht neu hoch. Der alte Bericht wird durch den neuen Bericht mit den aktuelleren Daten ersetzt. Dies kann man machen, wenn die Daten nur selten aktualisiert werden, z.B. bei einem Monatsergebnis aus der Buchhaltung.

2. Der automatische Weg:
Es werden sogenannte Gateways eingerichtet. Ein Gateway richtet man an einem hochgeladenen Bericht in Power BI Online ein. Es wird festgelegt, in welchen Intervallen die Daten aktualisiert werden und wo diese zu finden sind (es muss also die gleiche Datenquelle angegeben werden, wie auch schon in der PBI Datei).
Wenn das Gateway einmal eingerichtet ist, findet die Aktualisierung der in Power BI Online hochgeladenen Berichte vollautomatisch zu den von Ihnen gewünschten Zeitpunkten statt.
In diesem Fall muss die PBI Desktop Datei nur noch angefasst werden, wenn Veränderungen am Bericht vorzunehmen sind.

An dieser Stelle kann man also bereits folgende Grundlegende Vorgehensweise festhalten bei der Erstellung einer BI Lösung:

1. Definition eines Ziels (siehe Kapitel 1.6.2)
2. Erstellen einer PBI Datei
3. Verbindungsaufbau zu den Datenquellen
4. Aufbau des Datenmodells, Einrichtung von Berech-Nungen, Erstellung von Visualisierungen
5. Hochladen in PBI Online
6. Einrichtung von Zugriffen
7. Einrichtung von Gateways

2.4 Power BI Desktop

Ab diesem Kapital mache ich den Schwenk von der Theorie zur Praxis. Ab jetzt sollten Sie parallel zum Durchlesen des Buches das gelesene direkt umsetzen und ausprobieren.

Um überhaupt anfangen zu können, laden Sie sich aus dem Internet bitte Microsoft Power BI Desktop herunter und installieren das Programm auf dem PC.

Derzeit kann das Programm unter folgendem Link heruntergeladen werden:

https://powerbi.microsoft.com/de-de/desktop/

Alternativ können Sie googeln nach „Power BI Desktop Download" um an das gewünschte Programm zu kommen.

Wie bereits oben beschrieben, das Programm ist kostenlos.

Die Installation werde ich nicht näher beschreiben, hier gibt es nichts Außergewöhnliches zu erwähnen.

Wenn Sie PBI Desktop installiert haben und das Programm das erste Mal öffnen, werden Sie unter Umständen gefragt, ob Sie ein Microsoft Konto mit Power BI Online verknüpfen möchten. Hier können Sie jetzt (oder zu einem späteren Zeitpunkt, falls Sie über noch keine Lizenz verfügen) die Login-Daten des Microsoft Kontos eingeben, mit welchem die Power BI Lizenz verknüpft ist.

Im folgenden werde ich eine einfache BI-Umgebung aufbauen, die dazu dienen soll, den Umsatz eines Unternehmens genauer zu analysieren. Hierzu bediene ich mich einer öffentlich zugänglichen Datenbank, und zwar dem sogenannten Northwind Dataset.

Laden Sie dieses Dataset bitte jetzt herunter, wenn Sie direkt beim Lesen Übungen in Power BI machen möchten.

Das Dataset können Sie unter folgendem Link herunterladen:

www.exceldashboard.org/Northwind.xls

Der Download ist eine Exceltabelle mit mehreren Tabellenreitern. Die in dieser Datei enthaltenen Daten bilden die Datenquelle für die Beispiele, die ich im Folgenden zeigen werde.

Speichern Sie die Exceldatei an einem beliebigen Ort auf Ihrem PC.

2.5 Was ist wo? Ein erster Überblick

Bitte öffnen Sie nun das zuvor installierte Power BI Desktop. Ich werde zuerst einen kurzen Überblick geben, was wo zu finden ist.
Nach dem Öffnen gehen Sie bitte zuerst links oben auf

Datei / Optionen und Einstellungen / Optionen / Vorschaufeatures

Hier angelangt setzen Sie bitte überall einen Haken. Microsoft veröffentlicht monatlich Updates. In den Updates sind sogenannte Vorschaufeatures enthalten, die sich quasi noch in der Testphase befinden. Wenn Sie wie oben beschrieben alle Häkchen aktiviert haben, können Sie die Vorschaufeatures bereits nutzen, bevor Sie zur offiziellen Ausstattung von Power BI gehören. Hier sollten Sie nach jedem Update nachsehen, ob es weitere Vorschaufeatures gibt, die Sie aktivieren können.

Relativ weit links oben befinden sich drei Icons, die zur Navigation in Power BI sehr wichtig sind.

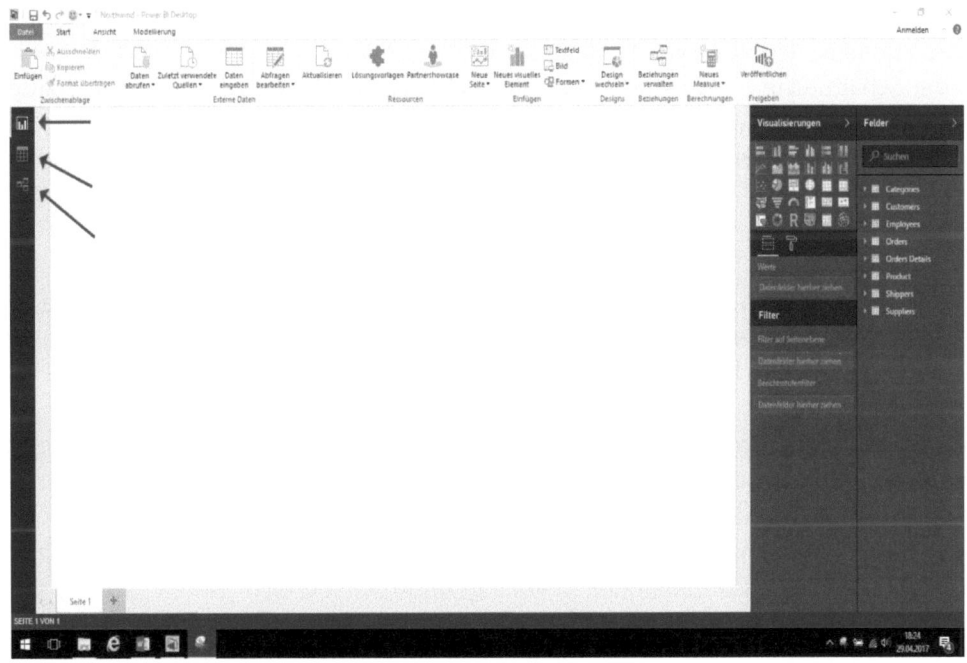

Mit Betätigung eines dieser Icons wechselt man von einem Arbeitsbereich in den Anderen. Links neben den Icons befindet sich ein senkrechter, gelber Strich. An welchem Icon der Strich angedockt ist, in dem Arbeitsbereich befindet man sich.

Es gibt folgende drei Arbeitsbereiche. Je nachdem, in welchem Arbeitsbereich Sie sich befinden, stehen Ihnen unterschiedliche Menübänder und Schaltflächen zur Verfügung.

Arbeitsbereich Bericht:

 In diesem Arbeitsbereich arbeiten Sie an den Grafiken und Visualisierungen, die Sie Ihren Kollegen zur Verfügung stellen möchten.

Im oben Bereich verfügen Sie über die Menübänder Datei, Start, Ansicht und Modellierung.
Im rechten Bereich gibt es die Schaltflächen „Visualisierungen" und „Felder". Mit den Pfeilen rechts neben der Schrift der Schaltflächen können Sie die Schaltflächen auf und zuklappen bei Bedarf.
Die Schaltfläche „Visualisierungen" (im rechten Bereich) dient der Auswahl, Konfiguration und Formatierung von Visualisierungen.
In der Schaltfläche „Felder" (ebenfalls im rechten Bereich) stehen Ihnen alle Spalten und Measures zur Auswahl, mit denen Sie Ihre Grafiken befüllen können; dies geschieht per Drag & Drop.

Arbeitsbereich Daten:

 Hier können Sie sämtliche Daten, die Sie aus den Datenquellen in die PBI Datei geladen haben, einsehen und bearbeiten. Hier werden neue Tabellen, Spalten und Measures berechnet und formatiert.

Im obigen Bereich verfügen Sie über die Menübänder Datei, Start und Modellierung.
Im rechten Bereich befindet sich nur noch die Schaltfläche „Felder", in welcher Sie dieselbe Übersicht haben, wie im Berichte Bereich.
Auch wenn Ihnen im Berichte Bereich das Menüband „Modellierung" zur Verfügung steht, sollten Sie am Datenmodell bevorzugt im Arbeitsbereich „Daten" arbeiten, da Sie hier die Zahlen, mit denen Sie Berechnungen vornehmen, direkt vor Augen haben.

Arbeitsbereich Beziehungen:

In diesem Arbeitsbereich haben Sie einen umfassen-
den Überblick über alle Tabellen, die Sie in die PBI
Datei geladen haben und können Beziehungen zwischen den Tabellen einrichten und verwalten.

Im oben Bereich verfügen Sie über die Menübänder Datei, Start und Modellierung.

2.6   Datenquellen

Power BI ist abhängig von Datenquellen. Im Gegensatz zu Excel, wo man Daten selbst in Zellen schreiben kann und diese weiterverarbeitet, muss immer eine Verbindung zu einer Datenquelle eingerichtet werden.

Mögliche Datenquellen können sein:
ERP Systeme
Buchhaltungsprogramme
CRM Systeme
Warenwirtschaftssysteme
Exceldateien
SQL Datenbanken
Analysis Services Daten
Sharepointseiten
Text / CSV Dateien
Webdaten
JSON Files
Access Datenbanken
Oracle Datenbanken
IBM Datenbanken
...
...
...
usw.

Es gibt bei den Anbindungsmöglichkeiten kaum technische Einschränkungen und die Möglichkeiten werden seitens Microsoft stets erweitert.

2.7   Datenquellen anbinden

Für unsere Beispiel BI Umgebung nehmen wir das vorhin heruntergeladene
Northwind Dataset, welches uns als Excel Datei zur Verfügung steht.
Um die Datenquelle anzubinden, wählt man im Menüband „Start" (egal in welchem
der drei Arbeitsbereiche" den Punkt
„Daten abrufen".

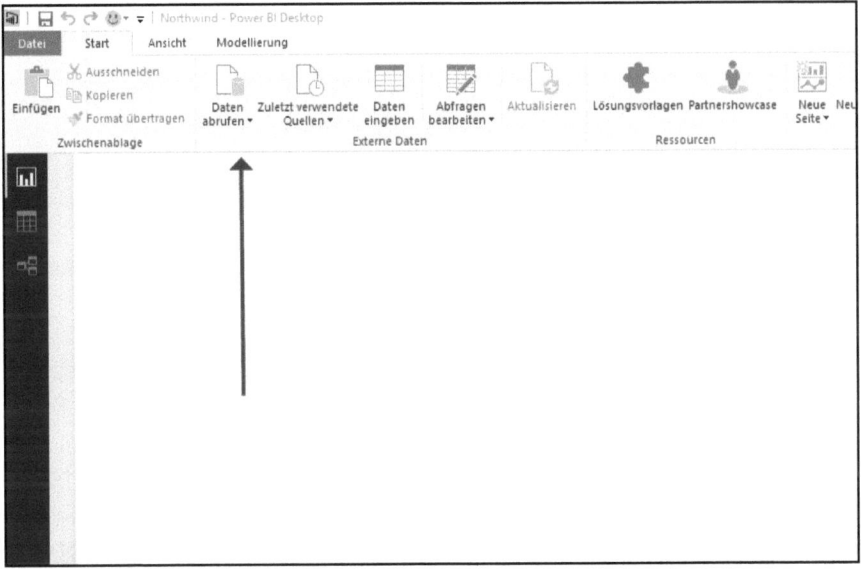

Aus der Liste, die sich nun geöffnet hat, kann man den Datentyp auswählen, der als
Datenquelle verwendet werden soll. In unserem Fall wählen Sie bitte „Excel" aus und
drücken auf „Verbinden".

In dem Fenster, welches sich nun öffnet, navigieren Sie bitte zu der Exceldatei, in der Sie die Northwind Daten gespeichert haben und betätigen Sie den öffnen Button.

Im folgenden Fenster öffnet sich eine Übersicht mit allen Datentabellen, die angebunden werden können. Da es sich bei der Datenquelle um eine Exceldatei handelt, sehen Sie hier eine Auflistung sämtlicher Tabellenblätter.

Durch setzen der Häkchen können Sie bestimmen, welche Tabellenblätter in die PBI Datei geladen werden sollen.

Wählen Sie bitte alle Tabellenblätter aus, bis auf „shippers" und betätigen Sie den „Bearbeiten" Button.

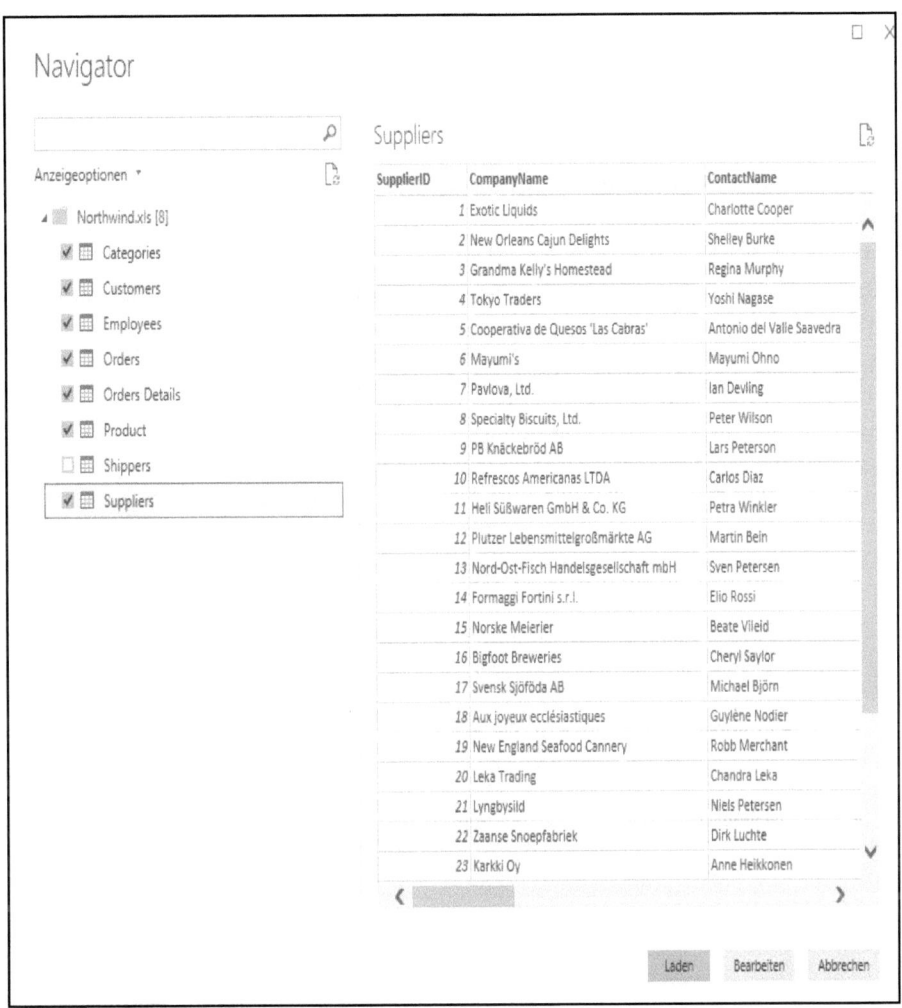

2.8 Abfrageeditor

Nachdem Sie den „Bearbeiten" Button betätigt haben, öffnet sich der Abfrageeditor.
In den vorherigen Schritten haben Sie festgelegt, welche Art von Daten angebunden
werden soll, Sie haben die genaue Datenquelle festgelegt und Sie haben festgelegt,
welche Tabellen aus der angegebenen Datenquelle angebunden werden sollen.
Im Abfrageeditor können nun weitere Details festgelegt werden.
Zum Beispiel können Spalten und Zeilen von der Anbindung ausgeschlossen werden,
die Tabellen und Spalten können umbenannt werden, die Datentypen werden festgelegt, Daten können bereits gruppiert abgefragt werden und noch vieles mehr.
Auch hier kann man mit einfachen Bordmitteln, die sich jeder leicht aneignen kann,
die meisten Anforderungen erfüllen. Es ist jedoch weitaus mehr möglich als das, was
ich hier vorstellen werde.

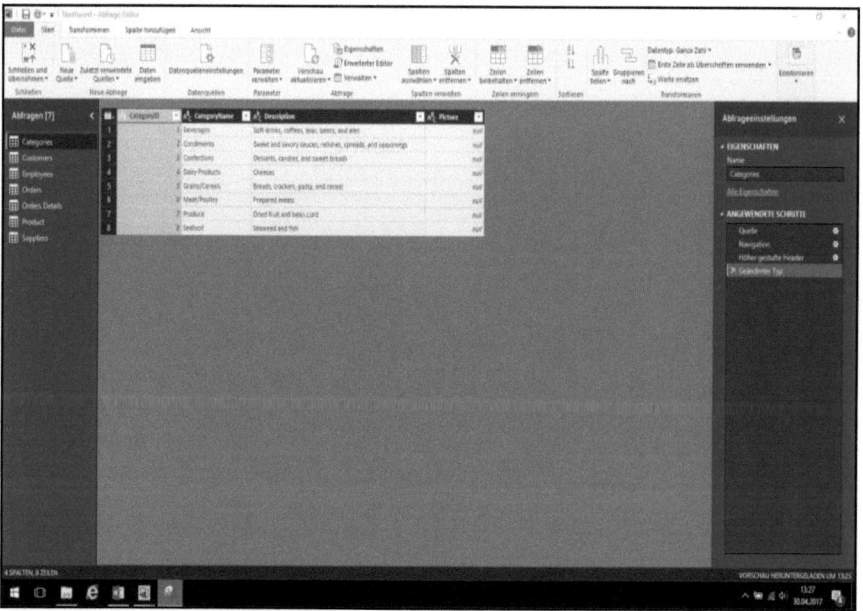

Ich sehe den Abfrageeditor neben den Arbeitsbereichen Berichte, Daten und Bezie-
hungen als vierten Arbeitsbereich an.
Wenn Sie sich in PBI Desktop noch nicht gut auskennen, erkennen Sie am oberen
Bildschirmrand auf den ersten Blick, ob Sie sich derzeit im Abfrageeditor befinden:

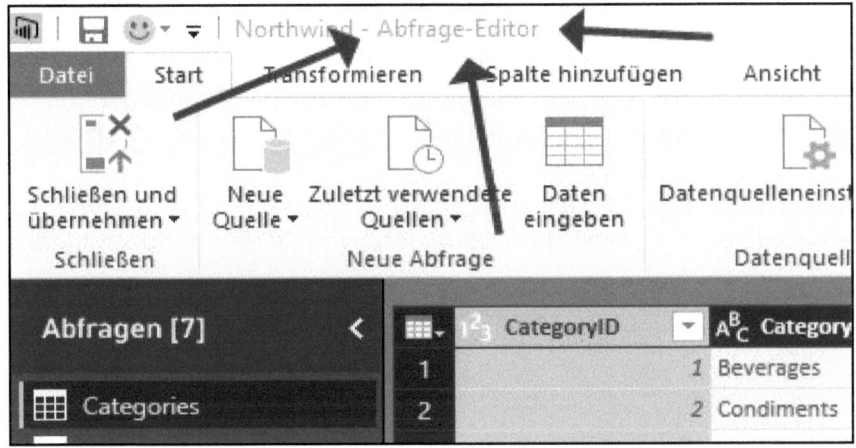

Die Navigation in den Abfrageeditor und aus den Abfrageeditor heraus geschieht allerdings nicht über Die Icons am linken Bildschirmrand wie bei den anderen drei Arbeitsbereichen.

Sie können über das Menüband „Start" über die Schaltflächen

- „Daten abrufen" (wenn Sie eine neue Datenquelle anbinden möchten)
- „Zuletzt verwendete Quellen" (wenn Sie eine zuvor verwendete Datenquelle anbinden möchten)
- „Abfrage bearbeiten" (wenn Sie an der Anbindung bereits angebundener Daten etwas ändern möchten)

den Abfrageeditor öffnen.

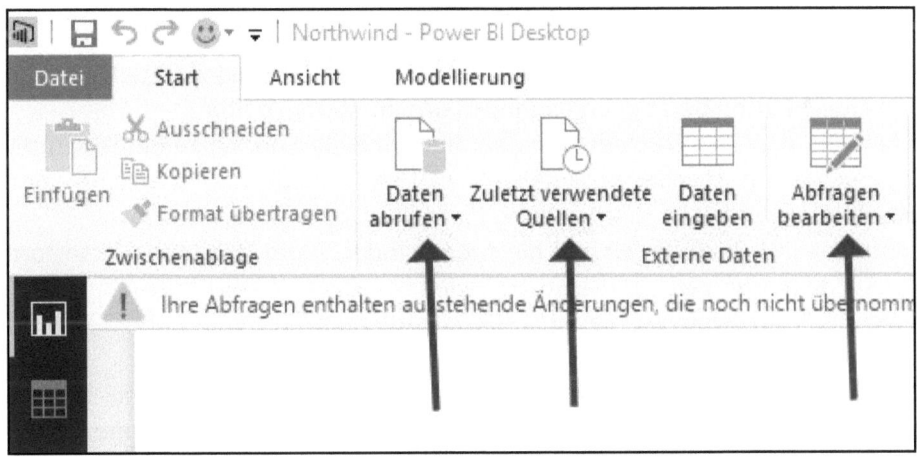

Der Abfrageeditor öffnet sich zudem in einem neuen Fenster.

Wenn Sie den Abfrageeditor verlassen möchten, können Sie entweder rechts oben über das Kreuz schließen, oder Sie betätigen im Menüband „Start" die Schaltfläche „Schließen und Übernehmen" (dadurch werden die Abfragen in die PBI Datei integriert, Sie können über den kleinen Pfeil rechts unten an der Schaltfläche auch nur den Abfrageeditor schließen, ohne die Änderungen an den Abfragen in Ihr Datenmodell zu übernehmen).

Nun zurück zu unserer BI Umgebung. Im letzten Schritt haben wir alle Tabellen, die wir aus der Exceldatenquelle anbinden möchten per Häkchen markiert, haben den „Bearbeiten" Button betätigt und befinden uns im Abfrageeditor.

Uns fällt auf, dass der Abfrageeditor sehr ähnlich zu der normalen PBI Desktop Umgebung aufgebaut ist, aber im Detail gibt es Unterschiede zu den anderen drei Arbeitsbereichen.

Im Abfrageeditor können wir auf die Menübänder „Datei", „Start", „Transformieren", „Spalte hinzufügen", „Ansicht" zugreifen.

Im linken Bereich sehen wir die Schaltfläche „Abfragen", die wir mit dem Pfeil rechts daneben auf und zuklappen können.

In der Schaltfläche „Abfragen" sehen wir sieben Eintragungen. Hierbei handelt es sich um die sieben Tabellen, die wir aus der Exceldatenquelle übernommen haben.

Wenn wir mit der Maus eine der Tabellen anklicken, sehen wir im mittleren Bereich des Abfrageeditors den Inhalt der Tabelle.

Mit einem Doppelklick auf eine der Tabellen färbt sich die Beschriftung blau und wir können die Tabellen umbenennen.

Der Name, der an dieser Stelle vergeben wird, behält die Tabelle später auch im Datenmodell und wird auch in den Berechnungsformeln genutzt, von daher ist es sinnvoll, die Tabellen so zu benennen, dass allein durch die Benennung schon draus hervor geht, welche Daten in den Tabellen enthalten sind.

Für unser Beispiel geben wir den Tabellen deutsche Bezeichnungen wie folgt:

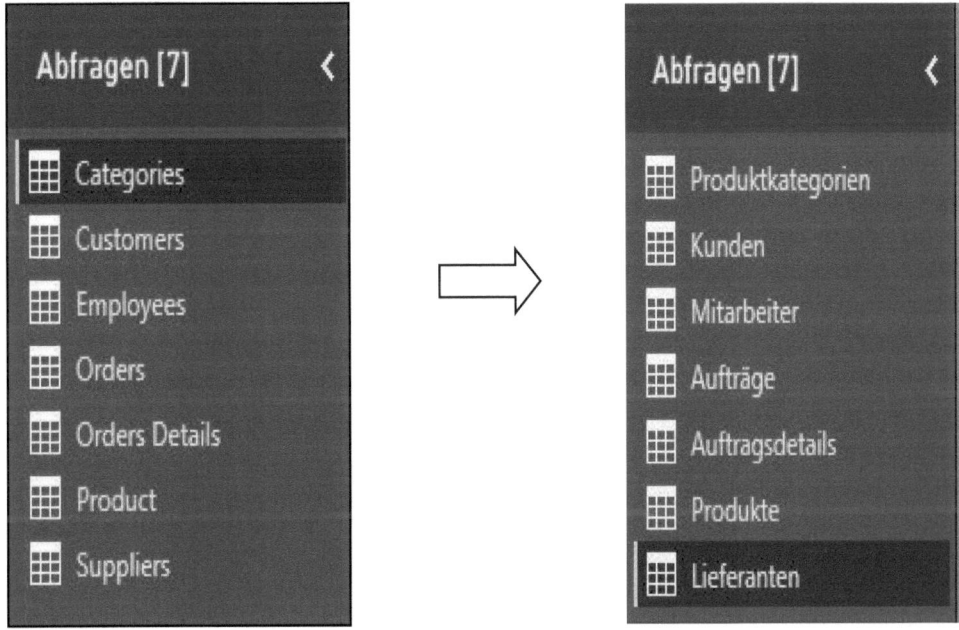

Nun bearbeiten wir die Abfragen der einzelnen Tabellen nacheinander. Zuerst markieren wir in der Schaltfläche „Abfragen" die oberste Tabelle:

Produktkategorien:
Im mittleren Bereich können wir die Tabelle einsehen. Wir sehen, dass die Tabelle über vier Spalten verfügt.

CategoryID	CategoryName	Description	Picture
1	Beverages	Soft drinks, coffees, teas, beers, and ales	null
2	Condiments	Sweet and savory sauces, relishes, spreads, and seasonings	null
3	Confections	Desserts, candies, and sweet breads	null
4	Dairy Products	Cheeses	null
5	Grains/Cereals	Breads, crackers, pasta, and cereal	null
6	Meat/Poultry	Prepared meats	null
7	Produce	Dried fruit and bean curd	null
8	Seafood	Seaweed and fish	null

Die letzte Spalte „Picture" interessiert uns nicht, also besteht kein Grund, diese Daten in unser Datenmodell zu übernehmen.

Wir markieren mit der Maus die Spaltenüberschrift „Picture" und betätigen die „entf" Taste auf der Tastatur. Alternativ kann man auch einen Rechtsklick mit der Maus machen und im auftauchenden Kontextmenü den Punkt „entfernen" auswählen.

Die Spalte „Picture" wird also nicht in unser Datenmodell geladen. In der Datenquelle selbst (in diesem Fall die Exceldatei) bleibt die Spalte jedoch unverändert vorhanden. An dieser Stelle ändern wir nur die Abfrage zu der Datenquelle, die Quelldaten selbst können wir nicht verändern.

Des Weiteren geben wir den übrigen drei Spalten neue Bezeichnungen in Deutsch. Hierzu genügt ein Doppelklick auf die Spaltenüberschrift. Die drei Spalten benennen wir von links nach rechts wie folgt:

Produktkategorie – Nr
Produktkategorie – Bezeichnung
Produktkategorie – Beschreibung

Die Bearbeitung der Abfrage zu unserer ersten Tabelle ist damit abgeschlossen. Im rechten Bereich des Abfrageeditors können Sie nachvollziehen, welche Änderungen Sie vorgenommen haben. Mit einem Klick auf das Kreuz links neben den einzelnen Schritten können Sie den Schritt rückgängig machen.

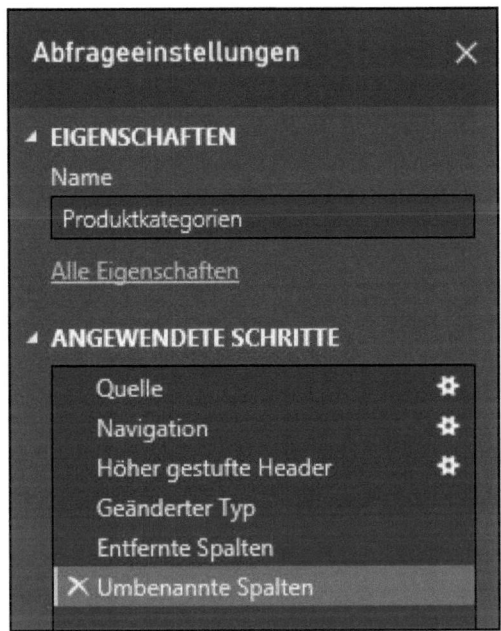

Wir wechseln zur Tabelle „Kunden".

Kunden:
Bei Betrachtung der Daten fällt zuerst auf, dass die eigentlichen Spaltenüberschriften in Zeile 1 stehen.

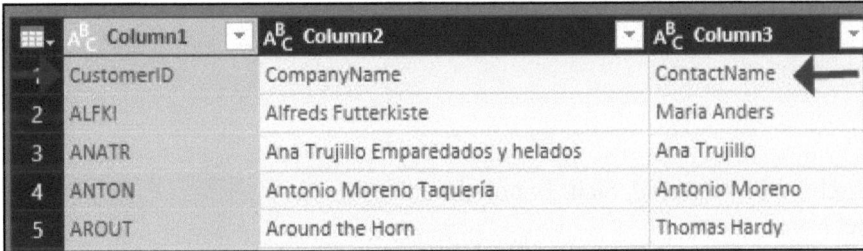

Dies ist einfach zu beheben, in dem wir im Menüband „Start" im rechten Bereich den Button „Erste Zeile als Überschrift übernehmen" betätigen.

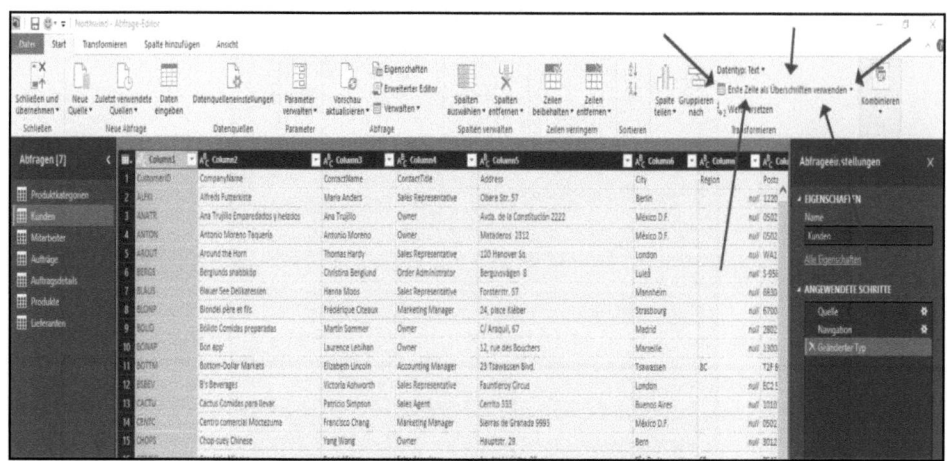

Daraufhin erscheinen die eigentlichen Spaltenüberschriften auch als Überschrift.

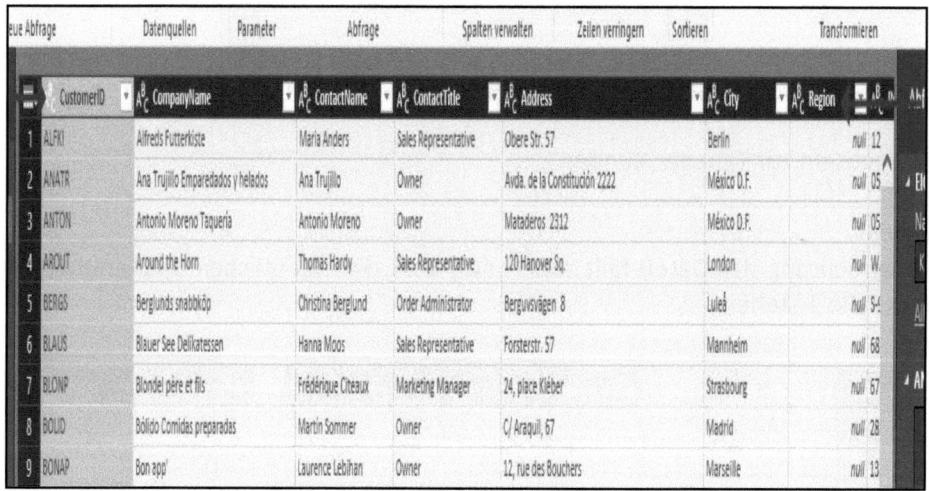

Nun löschen wir folgende, nicht benötigte Spalten:
Contact Name
Contact Title
Region
Phone
Fax

Die übrigen Spalten benennen wir wie oben beschrieben zu folgenden Spalten um (von links nach rechts):
Kundennummer
Kundenname
Straße
Stadt
Postleitzahl
Land

Da wir es gewohnt sind, die Postleitzahl vor der Stadt zu lesen, verschieben wir nun die Spalte „Postleitzahl" links neben die Spalte „Stadt".
Hierzu fahren Sie mit dem Mauszeiger auf die Spaltenüberschrift „Postleitzahl", klicken und halten die linke Maustaste gedrückt und ziehen Sie die Spalte links neben die Spalte „Stadt".
Da hier die Arbeiten nun ebenfalls abgeschlossen sind, wechseln wir in die Tabelle „Mitarbeiter":

Mitarbeiter:
Wir löschen zuerst folgende Spalten:
Region
Home phone
Extension
Photo
Notes

Die übrigen Spalten benennen wir wie folgt von links nach rechts um:
Personalnummer
Nachname
Vorname
Titel
Geschlecht
Geburtsdatum
Einstellungsdatum
Straße
Stadt
Postleitzahl
Land

Vorgesetzter

Die Spalte „Postleitzahl" schieben Sie bitte wieder links neben die Spalte „Stadt".
Bei den Spalten „Geburtsdatum" und „Einstellungsdatum" ist Ihnen wahrscheinlich
bereits die seltsame Formatierung des Datums aufgefallen.
Grund ist, dass die Zahlen in dieser Spalte nicht als Datum formatiert sind, sondern
als Dezimalzahl (zu erkennen an dem Symbol links neben der Spaltenbeschriftung).

1.2 Geburtsdatum ▼	1.2 Einstellungsdatum ▼
8121968	1051992
19021952	14081992
30081963	1041992
19091958	3051993
4031955	17101993
2071963	17101993
29051960	2011994
9011958	5031994
2071969	15111994

Man kann den Datentyp einer jeden Spalte ändern. Es liegt nahe, dass diese Spalten
als Datum formatiert werden sollten.
Machen Sie hierzu bitte einen Rechtsklick auf die Spaltenüberschrift und wählen den
Punkt „Typ ändern".
Es erscheint eine Liste mit allen möglichen Formatierungen. Wählen Sie aus der Liste
bitte „Datum".
Wie Sie anschließend sehen, hat die Umwandlung in einen Datumswert nicht funkti-
oniert:

Geburtsdatum	Einstellungsdatum
Error	02.04.4780
Error	Error
Error	15.11.4752
Error	Error
Error	Error
02.11.7572	Error
Error	25.08.7408
Error	Error
08.11.7572	Error

Wir werden deshalb die Umwandlung in einen Datumswert wieder rückgängig machen und beide Spalten als Text formatieren.

Im weiteren Verlauf des Buches werde ich beschreiben, wie wir den Text mit Hilfe von DAX in einen echten Datumswert umwandeln.

Zum rückgängig machen klicken Sie im rechten Bereich des Abfrageeditors bitte neben den beiden Schritten, in denen Sie auf den Typ Datum gewechselt haben, auf die Kreuze links daneben.

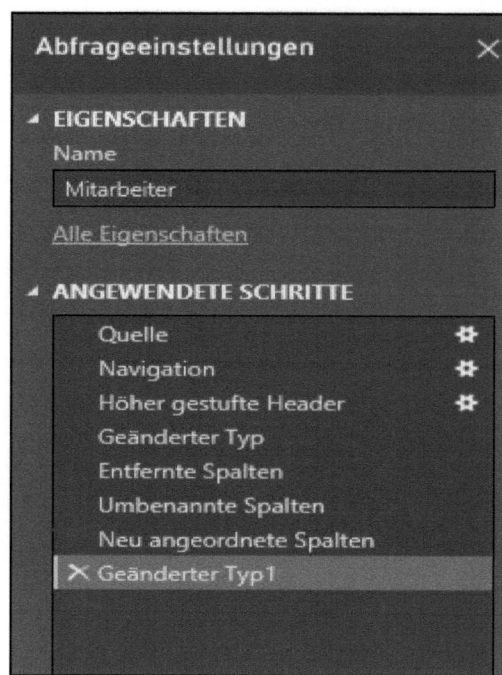

Ändern Sie nun den Typ der beiden Spalten in „Text" um und anschließend wechseln wir in die Tabelle „Aufträge".

Aufträge:
Hier behalten wir nur die ersten vier Spalten und die Spalte „Freight". Alle anderen Spalten können Sie löschen.
Die übrigen Spalten benennen Sie wie folgt um von links nach rechts:
Auftragsnummer
Kundennummer
Personalnummer
AuftragsdatumFracht
Ihnen ist vermutlich aufgefallen, dass wir bei den vorherigen Tabellen ebenfalls die Namen „Kundennummer" und „Personalnummer" vergeben haben.
Beim Aufbau von Datenmodellen, so wie wir es hier im Moment tun, werden Tabellen miteinander verknüpft. Dies geschieht über Daten, die in beiden Tabellen vorhanden sind. Damit Sie von Anfang an eine gute Übersicht haben, was womit verknüpft werden kann, sollten Sie bereits im Abfrageeditor auf eine einheitliche Bezeichnung der Spalten achten, die es in mehreren Tabellen gibt. Ebenso ist es enorm

wichtig, dass Spalten, die miteinander verknüpft werden, denselben Datentyp haben, ansonsten ist die Verknüpfung nicht möglich.

In der Tabelle „Aufträge" haben die Spalten „Kundennummer" den Datentyp „Text" und „Personalnummer" den Datentyp „Ganze Zahl".

Kontrollieren Sie bitte, ob die Spalte „Kundennummer" in der Tabelle „Kunde" und die Spalte „Personalnummer" in der Tabelle „Mitarbeiter" dieselben Datentypen haben.

Wenn dies nicht der Fall sein sollte, ändern Sie den Datentyp bitte ab.

Als letzten Schritt in dieser Tabelle ändern Sie bitte den Datentyp der Spalte „Auftragsdatum" in „Text" ab. Wechseln Sie jetzt zur Tabelle „Auftragsdetails".

Auftragsdetails:
Benennen Sie die Spalten von links nach rechts wie folgt um:
Auftragsnummer
Produktnummer
Einzelpreis
Anzahl
Rabatt in %

Ändern Sie den Typ der Spalte „Rabatt in %" in „Prozentsatz" ab und wechseln Sie anschließend in die Tabelle „Produkte".

Produkte:
Löschen Sie die letzten beiden Spalten und benennen Sie die übrigen Spalten wie folgt um von links nach rechts:
Produktnummer
Produktname
Lieferantennummer
Produktkategorie Nr
Menge per Einheit
Preis je Einheit
Einheiten auf Lager
Einheiten bestellt

Wechseln Sie in die Tabelle Lieferanten.
Lieferanten:
Löschen Sie folgende Spalten:

Contact Name
Contact Title
Region
Phone
Fax
Homepage

Benennen Sie die übrigen Spalten wie folgt um von links nach rechts:
Lieferantennummer
Lieferantenname
Straße
Stadt
Postleitzahl
Land

Zu guter Letzt schieben Sie die Spalte „Postleitzahl" bitte links neben die Spalte „Stadt".

Betätigen Sie im Anschluss das Feld „Schließen und übernehmen".

Der Abfrageeditor schließt sich, und die Daten aus der Datenquelle werden so, wie Sie es im Abfrageeditor konfiguriert haben, in die PBI Datei geladen.

Die letzten Schritte waren nicht schwer zu verstehen und haben sich auch wiederholt in den meisten Tabellen, aber dadurch haben Sie ein erstes Gefühl erhalten, wie Sie im Abfrageeditor arbeiten und auch schon ein wenig Routine entwickelt.

Im Abfrageeditor ist noch viel mehr möglich wie das, was ich an dieser Stelle gezeigt habe. Das Internet bietet eine gute Informationsquelle, um Ihr Wissen zu diesem Thema im Allgemeinen erweitern zu können oder Sie können gezielt nach der Lösung einer Fragestellung suchen, die für Ihr eigenes Projekt interessant ist.

An dieser Stelle ist es ratsam, der PBI Datei einen Namen zu geben und sie zu speichern. Dies geschieht wie bei allen anderen MS Office Programmen über das Menüband Datei/Speichern unter.

Sie haben nun die gewünschten Daten an unser PBI Datenmodell angebunden. An dieser Stelle ist mir noch einmal wichtig zu erwähnen, dass es sich nicht um eine Echtzeitverbindung zur Datenquelle handelt. Wenn jemand Zahlen in der Exceltabelle ändert, ändern sich die Zahlen nicht in der PBI Datei. Um Änderungen aus den Datenquellen in die PBI Datei zu übernehmen, klicken Sie bitte im Menüband „Start" einfach auf „Aktualisieren".

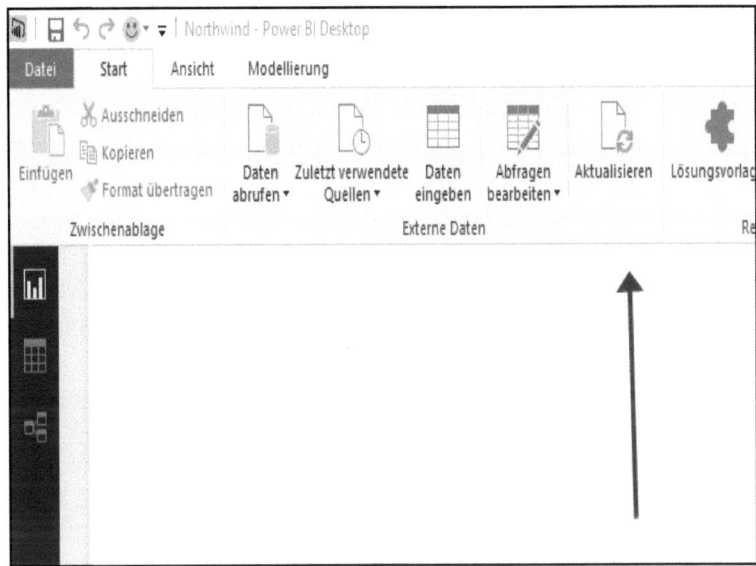

Für unser Beispiel ist es nicht notwendig, aber für Ihre eigene BI Lösung könnten Sie an dieser Stelle natürlich noch weitere Datenquellen anbinden. Hierbei kann es sich ebenfalls um Exceltabellen handeln, aber auch um jede beliebige andere Datenquelle.

2.9 Erstellung von Berichten

Im Grunde haben Sie bereits die Grundlage geschaffen, um mit der Berichtserstellung zu beginnen. Sie müssen sich allerdings vor Augen halten, dass Ihr Datenmodell im Moment aus sieben separaten Tabellen besteht, die in keinerlei Beziehung zu einander stehen und noch keinerlei Berechnungen durchgeführt wurden.

Das bedeutet, dass Sie im Moment nur Erkenntnisse aus einzelnen Tabellen ziehen können. Dies mag auch schon zu Erkenntniszugewinnen führen, wirkliche Transparenz Ihrer Daten erhalten Sie jedoch erst, wenn die Tabellen miteinander verknüpft sind und ggf. Berechnungen vorgenommen wurden.

Deshalb werde ich an dieser Stelle noch nicht zeigen, wie Sie Berichte erstellen können, sondern zuerst die Grundlage schaffen, um jegliche Informationen ausnutzen zu können, die die Daten hergeben.

2.10 Datenverbindungen

Um sich einen Überblick der vorhandenen Daten zu verschaffen, sollten Sie nun in den Arbeitsbereich Beziehungen wechseln.

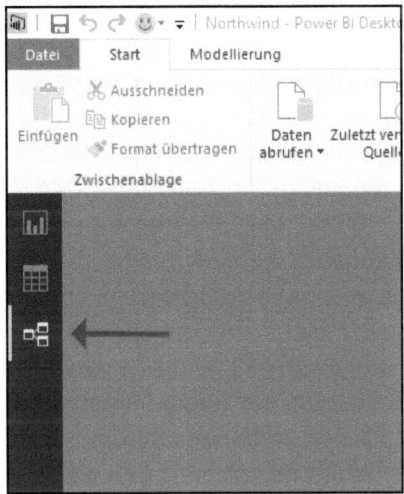

Sie haben nun die Gesamtübersicht über Ihr Datenmodell. Es sind 7 Tabellen enthalten. Jede Tabelle ist als Viereck dargestellt. Der Tabellenname steht ganz oben und jede vorhandene Spalte ist darunter aufgeführt.

Wenn Sie mit der Maus über die Überschrift fahren und die linke Maustaste gedrückt halten, können Sie Ihre Tabellen innerhalb der Übersicht an einen anderen Platz verschieben.

Ebenso können Sie die Größe der Vierecke ändern, wenn Sie mit der Maus an den Rand eines Vierecks gehen und den Rand per Drag & Drop so anpassen, dass Sie alle Spalten im Überblick haben.

Sie sehen auch, dass es Verbindungslinien zwischen den einzelnen Tabellen gibt. Wenn Tabellen in das Power BI Datenmodell geladen werden, versucht Power BI automatisch, mögliche Verbindungspunkte zwischen den Tabellen zu erkennen und verbindet die Tabellen auch gleich miteinander.

Diese automatisch erstellten Verbindungslinien entspricht nicht immer dem, was man tatsächlich mit einem Datenmodell vor hat.

Ich empfehle, sämtliche automatisch erstellten Verbindungslinien zu löschen und diese per Hand zu generieren (selbst wenn es die selben Linien sein werden, die

51

Power BI automatisch erstellt hat). Grund ist, dass Sie sich mit Ihrem Datenmodell beschäftigen müssen und einen besseren Überblick erhalten, was Ihnen im weiteren Verlauf Ihrer Arbeit von Vorteil sein wird.

Verbindungen zwischen Tabellen dienen im Grunde genommen dazu, Daten aus einer Tabelle nach einem Kriterium aus einer anderen Tabelle zu Filtern.

Um eine Linie zu löschen, fahren Sie einfach mit dem Mauszeiger auf die Linie, führen einen Rechtsklick aus und betätigen „löschen".

Nachdem alle Verbindungen gelöscht sind, verschaffen Sie sich jetzt einen Überblick. Ordnen Sie die Tabellen so an, wie es für Sie übersichtlich erscheint und passen Sie die Rahmen so an, dass Sie alle Spalten im Überblick haben. Wenn der Platz nicht ausreicht, können Sie unten rechts im Bildschirm den Zoomfaktor anpassen. Das verschafft Ihnen bei einer Vielzahl von Tabellen besseren Überblick.

Betrachten Sie nun etwas genauer die Spalten, die es in den einzelnen Tabellen gibt. Sie werden feststellen (wie auch im Vorfeld bereits erklärt), dass der Inhalt mancher Spalten in mehreren Tabellen auftaucht (die Spalten können aber durchaus unterschiedlich benannt sein). In diesem Fall ist dies einfach festzustellen, da wir im Vorfeld bereits darauf geachtet haben, den Spalten denselben Namen zu geben.

Diese Spalten verbinden Sie nun miteinander. Um sicher zu gehen, dass Sie auch wirklich alle Verbindungen einrichten, die für den weiteren Verlauf notwendig sind, führe ich diese im Folgenden auf:

Die Spalte „Auftragsnummer" finden Sie z.B. in der Tabelle „Auftragsdetails" und „Aufträge". Verbinden Sie diese nun miteinander.

Hierzu fahren Sie mit der Maus über die Spalte „Auftragsnummer" in deiner der beiden Tabellen, halten die linke Maustaste gedrückt und ziehen Sie den Mauspfeil zur Spalte „Auftragsnummer" in der anderen Tabelle. Ob es funktioniert hat, sehen Sie an der Verbindungslinie, die nun zu sehen sein sollte.

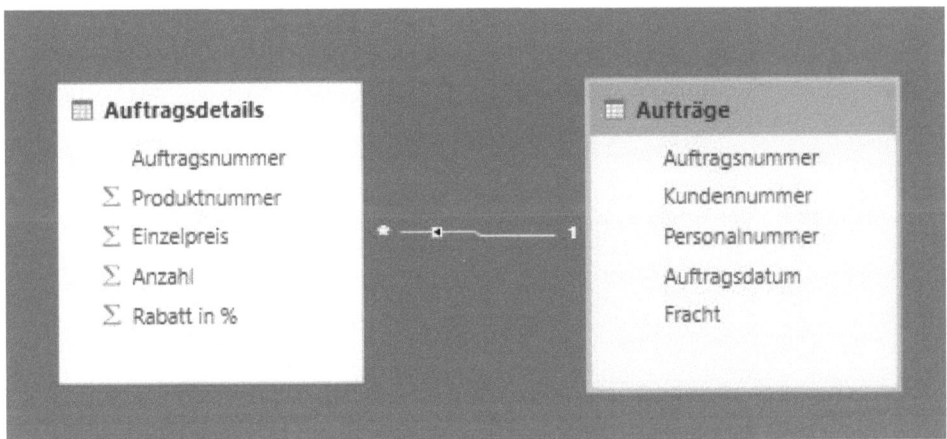

Wenn Sie mit der Maus über die Verbindungslinie fahren, können Sie sehen, welche Spalten miteinander verbunden sind. Dies ist bei schlecht überschaubaren Datenmodellen hilfreich.

Am einen Ende der Linie steht eine „1", an dem anderen Ende ein „*".

Die „1" bedeutet, dass in dieser Tabelle jeder Wert der verbundenen Spalte nur einmal vorkommt. In der Tabelle, an dem das „*" steht, kommen die Werte der entsprechenden Spalte öfters vor. Außerdem sehen Sie einen kleinen Pfeil auf der Verbindungslinie, der in eine Richtung zeigt. Dies ist die Richtung, in der Sie Ihre Daten filtern können.

Es ist möglich, das Filtern in beide Richtungen zu ermöglichen. Betätigen Sie hierzu „Beziehungen verwalten" im Menüband „Start" im Arbeitsbereich „Beziehungen".

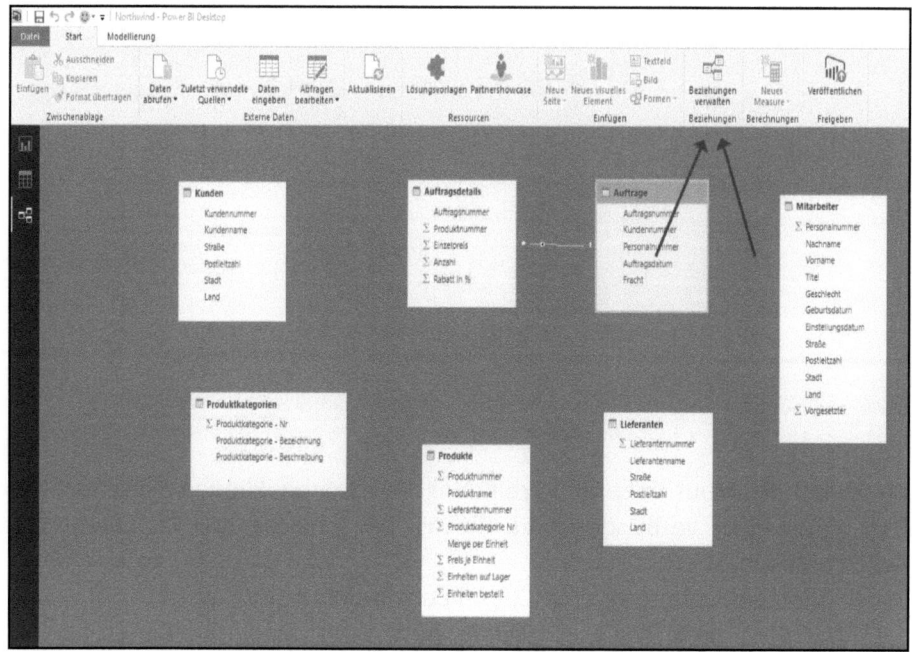

Es erscheint eine Auflistung aller im Datenmodell vorhandenen Beziehungen (bei uns bisher nur eine). Wählen Sie die Beziehung aus und drücken Sie auf „bearbeiten".

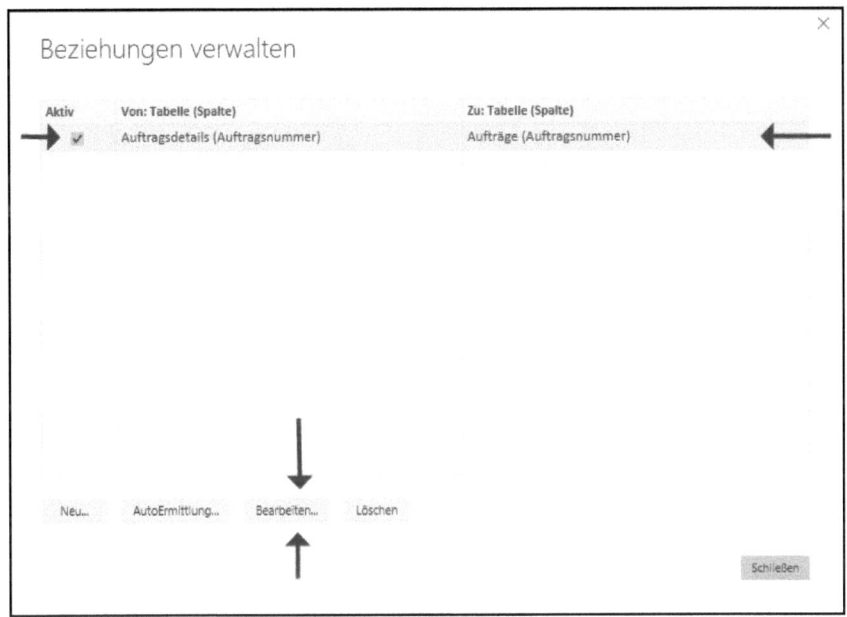

Wählen Sie nun bei Kreuzfilterrichtung „Beide" aus.

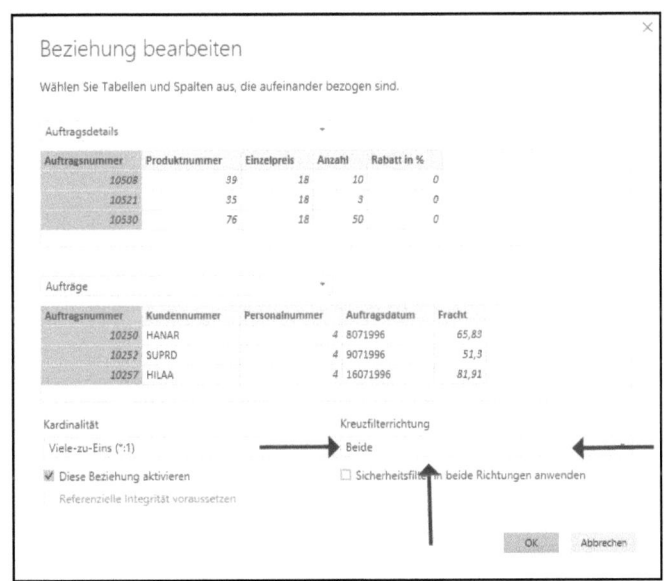

Die Verbindungslinie erhält nun einen Pfeil in beide Richtungen.

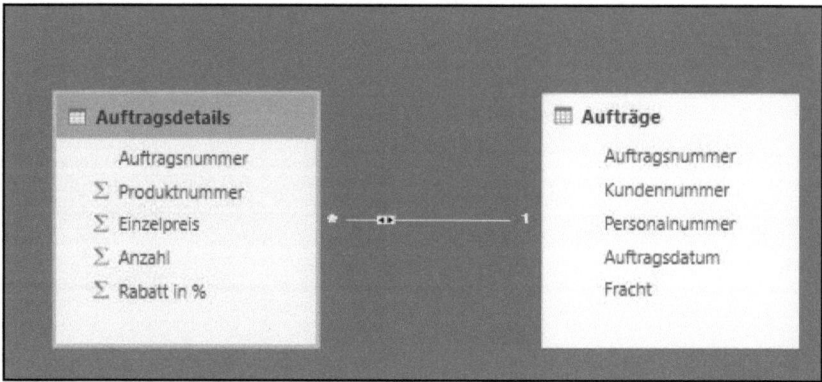

Richten Sie nun die Beziehungen zwischen allen Tabellen ein und ändern Sie bei jeder Beziehung die Kreuzfilterrichtung auf „Beide".

Es gibt insgesamt folgende Beziehungen, die einzurichten sind:

1. Produktkategorie Nr. in Produkte und Produktkategorien
2. Lieferantennummer in Lieferanten und Produkte
3. Produktnummer in Produkte und Auftragsdetails
4. Auftragsnummer in Aufträge und Auftragsdetails
5. Kundennummer in Kunden und Aufträge
6. Personalnummer in Aufträge und Mitarbeiter

Das Ergebnis sollte je nachdem, wie Sie Ihre Tabellen angeordnet haben, wie folgt aussehen:

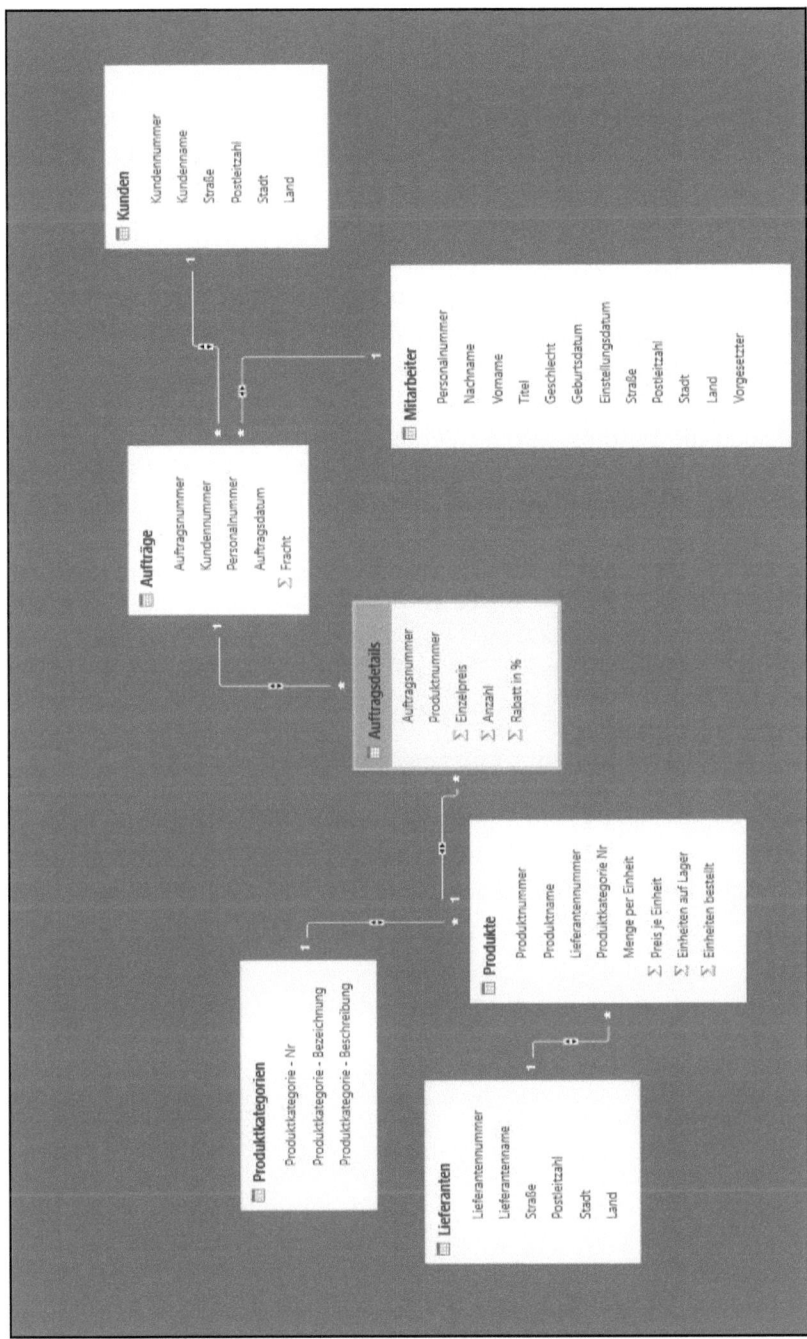

2.11 DAX

Bevor wir sinnvolle Visualisierungen unserer Daten erstellen, sollten wir noch einige Berechnungen durchführen. Es ist nicht bei jedem Datenmodell zwingend notwendig, Berechnungen durchzuführen. Dies ist davon abhängig, was die Rohdaten an Informationen hergeben und wie diese gestaltet sind.

In unserem Fall möchte ich gerne einige Umsatzdashboards erstellen. Wenn wir uns die Daten ansehen, stellen wir fest, dass keine Spalte existiert, in der der Umsatz ausgewiesen wird. Sehr wohl gibt es in der Tabelle Auftragsdetails jedoch die Spalten Einzelpreis, Anzahl und Rabatt in %. Aus diesen Spalten können wir den Umsatz berechnen.

Zudem haben wir noch die Datumsspalten, die als Text formatiert sind. Um Dashboards zu generieren, in denen wir den Umsatz im zeitlichen Verlauf betrachten können, ist es notwendig, echte Datumswerte zu haben.

Für all diese Berechnungen sind Dax Kenntnisse erforderlich.

2.12 Einleitung DAX

DAX steht für Data Analytics Expressions und ist eine funktionale Programmiersprache, die für SQL Server Analysis Services und Power Pivot entwickelt wurde und nun auch in Power BI Verwendung findet.

Das Thema DAX ist so umfangreich, dass man allein hierüber ein ganzes Buch füllen kann. In diesem Buch werde ich allgemein über die Funktionsweise von Dax berichten, die Formeln schreiben, die wir für unsere BI Umgebung benötigen und auf ein paar elementare Funktionen eingehen.

Der DAX Code ähnelt sehr den Funktionen, die man aus Excel kennt, jedoch sind sie auf Englisch. Wer sich gut mit Excelfunktionen auskennt, wird DAX viel leichter lernen als jemand, der sich nicht gut mit Excelfunktionen auskennt. Eine gewisse Umgewöhnung ist aber dennoch notwendig. Es wäre jedoch töricht, zu behaupten, DAX ist identisch mit Excelfunktionen, nur auf Englisch. Man stößt relativ schnell auf den Punkt, an dem man das Verhalten der Funktionen nicht mehr mit dem Wissen aus den Excelfunktionen erklären kann.

2.13 Grundlagen DAX

In Excel werden Berechnungen über Zellen durchgeführt. Jede Zelle besitzt eine Koordinate, auf welche man sich in einer Funktion beziehen kann.

In DAX hingegen findet das Konzept der Koordinaten keine Anwendung. In DAX gibt es keine Zellen; In DAX gibt es Tabellen, Spalten und Measures.

In DAX Berechnungen kann man sich also auf Tabellen, Spalten und Measures beziehen und im Gegenzug kann man Tabellen, Spalten und Measures berechnen.

Führen Sie DAX Berechnungen bitte immer im Arbeitsbereich „Daten" durch. Es ist zwar auch möglich, Berechnungen im Arbeitsbereich „Bericht" durchzuführen, jedoch können Sie, wenn Sie neue Spalten oder Tabellen berechnen, das Resultat im Arbeitsbereich „Daten" sofort sehen.

Gehen Sie bitte in den Arbeitsbereich Daten und auf das Menüband „Modellieren".

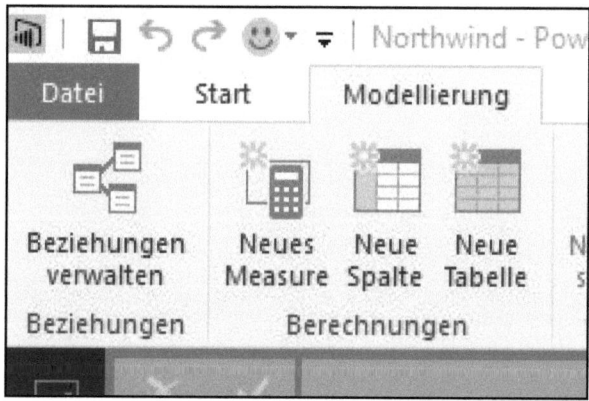

Hier gibt es die Möglichkeiten, ein neues Measure, eine neue Spalte oder eine neue Tabelle zu berechnen. Wir beginnen mit der Berechnung neuer Spalten.

2.14 Allgemeines über berechnete Spalten

Wenn eine neue Spalte erstellt und mit einer Formel versehen wird, können wir in der Tabelle direkt das Ergebnis sehen.

Die Berechnung, die wir durch unsere Formel definiert haben, wird Zeile für Zeile durchgeführt und das Ergebnis in der berechneten Spalte ausgewiesen.

Wir sagen der Formel an keiner Stelle, dass z.B. in der ersten Zeile der Einzelpreis , die Anzahl und der Rabatt aus der ersten Zeile genommen werden soll, dies ist vom System automatisch so vorgegeben und kann grundsätzlich auch nicht beeinflusst werden (in Excel hingegen wäre es ohne weiteres möglich, Daten aus einer anderen Zeile als Grundlage zu verwenden).

Eine DAX – Formel benötigt immer einen sogenannten Zeilenbezug, um zu funktionieren. Wenn wir eine berechnete Spalte erstellen, verfügt diese automatisch über einen Zeilenbezug, da vom System vorgegeben wird, dass die Formel für die berechnete Spalte Zeile für Zeile durchgegangen wird.

2.15 Berechnung von Spalten

Im rechten Bereich der momentanen Ansicht („Felder") sehen Sie eine Übersicht aller vorhandenen Tabellen. Wenn Sie auf den Pfeil links neben einer Tabelle klicken, sehen Sie zudem alle Spalten und Measures, die sich in der jeweiligen Tabelle befinden.

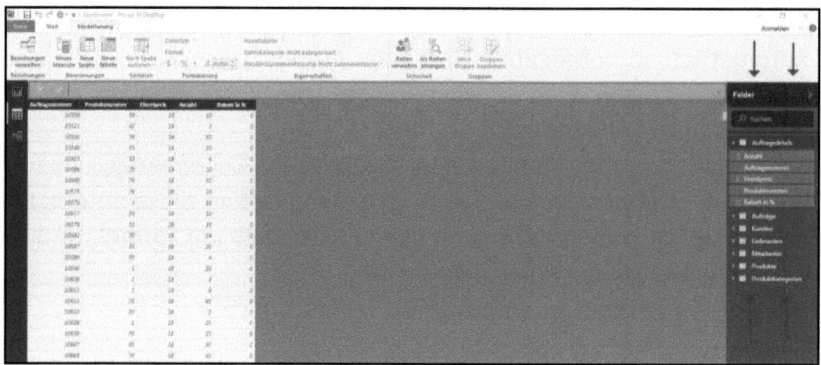

Wählen Sie bitte die Tabelle „Auftragsdetails" aus und klicken Sie auf „Neue Spalte". Durch das betätigen der Schaltfläche wird eine neue Spalte rechts neben allen vorhandenen Spalten angelegt mit der Überschrift „Spalte 1".
Außerdem haben Sie jetzt die Möglichkeit, direkt über der Tabelle eine DAX Formel einzugeben, die festlegt, welche Daten diese Spalte enthalten soll.

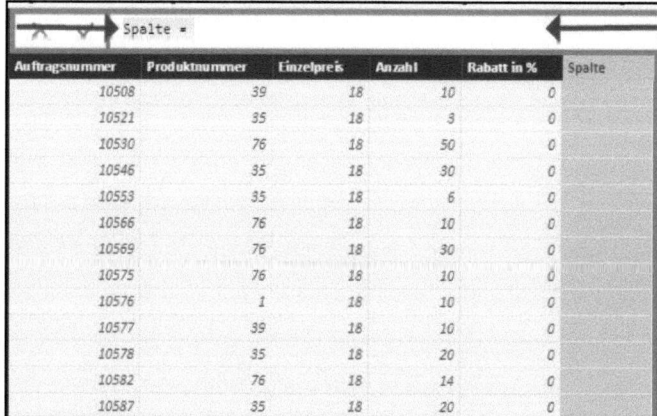

Auftragsnummer	Produktnummer	Einzelpreis	Anzahl	Rabatt in %	Spalte
10508	39	18	10	0	
10521	35	18	3	0	
10530	76	18	50	0	
10546	35	18	30	0	
10553	35	18	6	0	
10566	76	18	10	0	
10569	76	18	30	0	
10575	76	18	10	0	
10576	1	18	10	0	
10577	39	18	10	0	
10578	35	18	20	0	
10582	76	18	14	0	
10587	35	18	20	0	

2.16 Berechnung der Spalte „Umsatz"

In dieser Spalte soll zu jeder Auftragszeile der Umsatz ausgewiesen werden.

Zuerst benennen wir die Spalte um in „Umsatz". Hierzu einfach in der Eingabezeile das Wort „Spalte" durch „Umsatz" ersetzen. Das „=" Symbol muss erhalten bleiben.

Um den Umsatz zu berechnen, müssen wir den Einzelpreis der bestellten Ware mit der Anzahl multiplizieren und zusätzlich den gewährten Rabatt berücksichtigen.

Bewegen Sie den Cursor in die Eingabezeile rechts neben das Gleichheitssymbol. Tippen Sie „Au" (Anfangsbuchstaben der Tabelle Auftragsdetails). Sie sehen, dass sich unterhalb des Cursors eine Auswahl öffnet. Hier sehen sie sämtliche Möglichkeiten (Spalten, Tabellen, Measures, Funktionen), die Sie an dieser Stelle in die DAX Formel implementieren können (nur die, die mit „Au" beginnen).

Bewegen Sie nun mit den Pfeiltasten Ihrer Tastatur die Markierung auf: „Auftragsdetails[Einzelpreis]" und betätigen Sie die Tab Taste auf Ihrer Tastatur.

Diese Auswahl definiert die Spalte „Einzelpreis" in der Tabelle „Auftragsdetails".

Die Syntax zur Definition einer Spalte gibt zuerst immer die Tabelle an, in der die Spalte ansässig ist gefolgt von der Spaltenbezeichnung in eckigen Klammern. Es ist in DAX Formeln teilweise auch möglich, nur den Namen der Spalte anzugeben, davon möchte ich aber abraten, da bei diesem Vorgehen viel Übersicht verloren geht, da auf den ersten Blick nicht ersichtlich ist, in welcher Tabelle die Spalte ansässig ist.

Beim Schreiben von DAX Formeln empfehle ich ganz klar die eben beschriebene Methode der Auswahl über die Pfeiltasten und Übernahme mit der Tab Taste. Dies spart Ihnen viel Zeit. Alternativ könnten Sie die komplette Syntax auch bis zum Ende ausschreiben oder anstatt mit den Pfeiltasten und Tab Taste die Auswahl mit der Maus treffen, was allerdings länger dauert.

Nach Betätigung der Tab Taste hat die DAX Formel Ihre Auswahl in die Eingabezeile übernommen und Sie können mit dem Schreiben der Formel fortfahren.

Die DAX Formel sollte im Moment so aussehen:

```
Umsatz = Auftragsdetails[Einzelpreis]
```

Nun multiplizieren wir den Einzelpreis mit der Anzahl der bestellten Artikel.

Wie in Excel nehmen wir die Multiplikation mit dem Operator „*" durch.

Schreiben Sie nun also bitte ein „*" gefolgt von der Spalte „Anzahl" aus der Tabelle „Auftragsdetails".

Hierzu zuerst wieder „au" eingeben, die entsprechende Auswahl mit den Pfeiltasten treffen und mit der Tab Taste bestätigen.

Die Dax Formel sollte nun so aussehen:

```
Umsatz =
Auftragsdetails[Einzelpreis] * Auftragsdetails[Anzahl]
```

Jetzt müssen wir noch den in % angegebenen Rabatt berücksichtigen, um den Umsatz zu erhalten.

Wir multiplizieren nun den bisher erarbeiteten Ausdruck mit: (1-Auftragsdetails[Rabatt in %]) um den Umsatz zu erhalten. Die Spalte „Rabatt in %" kann wieder über die oben beschriebene Methode ausgewählt werden, alle anderen Zeichen müssen manuell eingegeben werden.

Betätigen Sie zum Abschluss der Formel die „Enter" Taste.

Die DAX Formel sieht nun so aus:

```
Umsatz =
Auftragsdetails[Einzelpreis] * Auftragsdetails[Anzahl]
    * ( 1 - Auftragsdetails[Rabatt in %] )
```

Wenn Sie nun die neue Spalte betrachten, können Sie für jede Zeile den Umsatz sehen.

2.17 Text- und Datumsberechnungen

Wie weiter oben bereits festgestellt, existieren in unserem Datenmodell einige Spalten, die Datumswerte ausweisen, jedoch als Text formatiert sind. Die Formatierung einfach in „Datum" umzuändern, war nicht einfach möglich. Da es für Umsatzdashboards sinnvoll ist, den Umsatz im zeitlichen Verlauf analysieren zu können, müssen wir diese Textspalten in Datumsspalten umwandeln. Dieses werden wir mit DAX umsetzen.

In unserem Datenmodell existieren folgende drei Spalten, die wir zu echten Datumswerten umbauen müssen:

Aufträge[Auftragsdatum]

Mitarbeiter [Geburtsdatum]

Mitarbeiter[Einstellungsdatum]

Wir beginnen mit Aufträge[Auftragsdatum]:

Zuerst benennen wir diese Spalte um zu Aufträge[Auftragsdatum (Text)], damit später bei Erstellung der Visualisierungen sofort ersichtlich ist, dass es sich hierbei um die Spalte handelt, die wir aufgrund der falschen Formatierung nicht auswählen wollen).

Hierzu einfach im Arbeitsbereich „Daten" die entsprechende Spalte in der Tabelle Aufträge heraussuchen, einen Doppelklick auf die Spaltenbezeichnung ausüben und die Spalte umbenennen.

Wir gehen im Weiteren so vor, dass wir die falsch formatierte Spalte beibehalten, eine weitere Spalte erstellen, in der wir uns auf die Spalte mit den Textwerten beziehen.

Wir berechnen die richtigen Werte als echten Datumswert mit der DAX Funktion „Date".

Die Syntax der Date Funktion lautet wie folgt:

```
Date=(year;month;day)
```

Erstellen Sie nun im Arbeitsbereich „Daten" in der Tabelle „Aufträge" eine neue Spalte und schreiben Sie erstmal folgendes:

```
Auftragsdatum (Datum) = date(2017;12;31)
```

Wie Sie sehen ist das Ergebnis eine Spalte, in der in jeder Zeile „31.12.2017 00:00:00" steht.

✕ ✓	Auftragsdatum (Datum) = date(2017;12;31)				

Auftragsnummer	Kundennummer	Personalnummer	Auftragsdatum (Text)	Fracht	Auftragsdatum (Datum)
10250	HANAR	4	8071996	65,83	31.12.2017 00:00:00
10252	SUPRD	4	9071996	51,3	31.12.2017 00:00:00
10257	HILAA	4	16071996	81,91	31.12.2017 00:00:00
10259	CENTC	4	18071996	3,25	31.12.2017 00:00:00
10260	OLDWO	4	19071996	55,09	31.12.2017 00:00:00
10261	QUEDE	4	19071996	3,05	31.12.2017 00:00:00
10267	FRANK	4	29071996	208,58	31.12.2017 00:00:00
10281	ROMEY	4	14081996	2,94	31.12.2017 00:00:00
10282	ROMEY	4	15081996	12,69	31.12.2017 00:00:00
10284	LEHMS	4	19081996	76,56	31.12.2017 00:00:00
10288	REGGC	4	23081996	7,45	31.12.2017 00:00:00
10294	RATTC	4	30081996	147,26	31.12.2017 00:00:00
10299	RICAR	4	6091996	29,76	31.12.2017 00:00:00

Lassen Sie sich nicht durch die Nullen stören, an diesen Stellen könnte man noch Uhrzeitangaben vornehmen. Formatieren Sie die Spalte einfach um, um die Nullen nicht mit anzuzeigen.

Suchen Sie sich hierfür im Menüband „Modellierung" unter „Formatierung/Format" die Formatierung „(dd.MM.yyyy)" heraus.

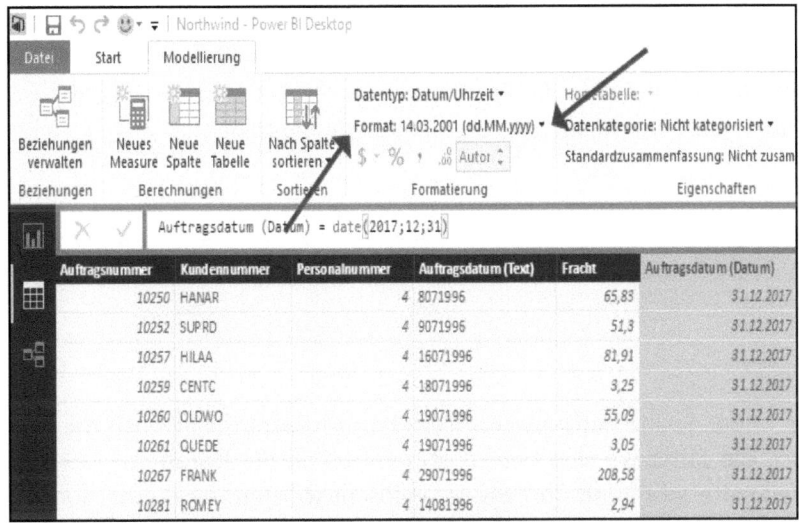

Die DAX Formel „date" haben wir jetzt also in einer neuen Spalte integriert, allerdings ist Sie noch starr; das bedeutet; es steht in dieser Spalte immer der Wert der Zahlen, so wie wir Sie in die Formel eingegeben haben. Wir müssen die DAX Formel jetzt so umbauen, dass Sie dynamisch auf die Werte in der Spalte Aufträge[Auftragsdatum (Text)] reagiert.

Hierzu verwenden wir die Textbearbeitungsformeln „left" und „right".

In der Formel soll als erstes Parameter (wo wir im Moment einfach „2017" eingetragen haben) immer das Jahr aus der Spalte Aufträge[Auftragsdatum (Text)] stehen. Wenn wir diese Spalte ansehen, ist schnell klar: Die letzten vier Zeichen definieren immer das Jahr (8071996 = 08.07.1996).

Für unser erstes Parameter, dass Jahr benötigen wir also immer die vier rechten Zeichen aus der Spalte Aufträge[Auftragsdatum (Text)].

Hierzu erstellen wir nun zuerst eine Hilfsspalte mit der Bezeichnung „Jahr" und schreiben folgende Formel:

```
Jahr =
RIGHT ( 'Aufträge'[Auftragsdatum (Text)]; 4 )
```

Die Syntax dieser Formel ist wie folgt zu lesen:

Zeig die 4 rechten Zeichen der Spalte Aufträge[Auftragsdatum (Text)]

Das Ergebnis ist eine weitere Spalte in welcher immer das Jahr ausgewiesen wird, welches aus der Textspalte Aufträge[Auftragsdatum (Text)] hervorgeht.

Diesen Ausdruck müssen wir nun in unsere „date" Formel integrieren.

Hierzu bitte alle Zeichen nach dem „=" Symbol in der Formel für die Spalte „Jahr" markieren, kopieren und in die Formel der Spalte Aufträge[Auftragsdatum (Datum) anstelle von „2017" einfügen. Das Ergebnis sieht wie folgt aus:

```
Auftragsdatum (Datum) =
DATE (
RIGHT ( 'Aufträge'[Auftragsdatum (Text)]; 4 );
       12;
       31 )
```

Nun sind in der Spalte Aufträge[Auftragsdatum (Datum) nur noch die Monate und Tage starr, die Jahre werden bereits dynamisch an die Daten der Textspalte ange-passt. Die Spalte Jahr kann nun wieder gelöscht werden, sie diente nur zur als Hilfs-spalte und ist nun nicht mehr von Nutzen.

Kümmern wir uns nun um die Dynamisierung der Monate:

Erstellen Sie eine weitere Spalte mit der Beschriftung „Monat 1" und schreiben fol-gende DAX Formel:

```
Monat 1 =
RIGHT ( 'Aufträge'[Auftragsdatum (Text)]; 6 )
```

Als Ergebnis erhalten wir eine sechsstellige Zeichenfolge, die mit den ersten beiden Zeichen den Monat definiert und mit den letzten vier Zeichen das Jahr definiert. Um nur die ersten beiden Zeichen für die Monatsdefinition zu erhalten, erstellen wir nun eine weitere Spalte mit der Bezeichnung Monat 2 und schreiben folgende DAX For-mel:

```
Monat 2 =
LEFT ( 'Aufträge'[Monat 1]; 2 )
```

Als Ergebnis erhalten wir die gewünschte Monatsangabe. Nun müssen wir die For-mel aus „Monat 1" in „Monat 2" integrieren und diese Formel anschließend in die „date" Formel integrieren.

Gehen Sie hierzu in die Formel der Spalte „Monat 1" und markieren und kopieren Sie sämtliche Zeichen nach dem „=" Symbol.

Fügen Sie diese Zeichenkette in die Formel von „Monat 2" ein, indem Sie 'Aufträ-ge'[Monat 1] ersetzen.

68

Das Ergebnis sieht wie folgt aus:

```
Monat 2 =
LEFT ( RIGHT ( 'Aufträge'[Auftragsdatum (Text)];
      6 );
        2 )
```

Kopieren Sie nun alle Zeichen der Formel aus der Spalte „Monat 2", die dem „="
Symbol folgen und ersetzen in der „date" Formel unsere vorherige Eingabe „12". Das
Ergebnis sieht nun wie folgt aus:

```
Auftragsdatum (Datum) =
DATE ( RIGHT ( 'Aufträge'[Auftragsdatum (Text)]; 4 ); LEFT ( RIGHT (
'Aufträge'[Auftragsdatum (Text)]; 6 ); 2 ); 31 )
```

Wenn Sie nun in der Tabelle „Aufträge" die Spalte Aufträge[Auftragsdatum (Datum)]
ansehen, sehen Sie, dass die Jahre und Monate bereits dynamisch an die Daten der
Spalte Aufträge angepasst sind.
Die Hilfsspalten „Monat 1" und „Monat 2" können an dieser Stelle wieder gelöscht
werden.
Nun müssen wir noch die Angabe der Tage dynamisieren. Dies gestaltet sich etwas
schwieriger als bei der Dynamisierung der Monate und Jahre. Wir könnten versuchen, mit der Formel „left" die linken 2 Zeichen aus der Spalte Aufträge[Auftragsdatum (Text)] abgreifen, die den Tag bestimmen. Wenn der Tag kleiner
als 10 ist, also z.B. der 09.05.2010, wird folgende Angabe in der Textspalte stehen:
9052010. Wenn hingegen der Tag größer als 10 ist, also z.B. der 15.05.2010, wird
folgende Angabe in der Textspalte stehen: 15052010. Wenn wir im letzten Fall mit
der Formel „left" die ersten beiden Stellen abgreifen, erhalten wir das Ergebnis „15"
und somit den richtigen Wert. Wenn wir im ersten Fall die ersten beiden Stellen mit
der Formel „left" abgreifen, erhalten wir das Ergebnis „90" und somit den falschen
Wert für den Tag. Wenn die Tage kleiner als 10 sind, fehlt die führende Null und das
stellt uns vor ein Problem. Wir müssen eine Formel konzipieren, die alle Eventualitäten abdeckt, egal, wie viele Stellen die Textzeichenfolge in der Spalte Aufträge[Auftragsdatum (Text)] auch hat.
Ins unreine gesprochen, müsste die Formel so aussehen:
Wenn der Tag kleiner als 10 ist, benötigen wir eine „0" gefolgt von dem ersten Zeichen des Textes, ansonsten können wir die ersten beiden Zeichen des Textes verwenden.

Es lässt sich einfach feststellen, ob der Tag in der Spalte Auftragsdatum (Text) kleiner als 10 ist. Wenn der Tag kleiner als 10 ist, so hat der Text in der Spalte Auftragsdatum (Text) sieben Stellen, ansonsten hat er Acht Stellen.

Dies können wir uns zu Nutze machen. Wir erstellen eine neue Spalte und schreiben folgende Formel:

```
Anzahl Zeichen =
LEN ( 'Aufträge'[Auftragsdatum (Text)] )
```

Als Ergebnis erhalten wir eine Spalte, die in Form einer Zahl angibt, wie lang der Text in der Spalte Auftragsdatum (Text) ist. Diese Information können wir nun weiterverwerten.

Jetzt erstellen wir jeweils eine neue Spalte, in der wir festlegen, was passieren soll, wenn der Text 7 Stellen lang ist und wenn er 8 Stellen lang ist.

Zuerst erstellen wir die Spalte, die festlegt, was passiert, wenn der Text 7 Stellen lang ist. Wenn der Text 7 Stellen lang ist, möchten wir als Ergebnis eine „0" gefolgt von dem ersten Zeichen des Textes sehen. Wir schreiben also folgende Formel in die Spalte:

```
Formel wenn Anzahl 7 =
"0" & LEFT ( 'Aufträge'[Auftragsdatum (Text)]; 1 )
```

Nun erstellen wir eine weitere Spalte, in der wir festlegen, was passieren soll, wenn der Text 8 Stellen lang ist. Wenn der Text 8 Stellen lang ist, möchten wir als Ergebnis die ersten beiden Zeichen des Textes sehen. Wir schreiben also folgende Formel:

```
Formel wenn Anzahl 8 =
LEFT ( 'Aufträge'[Auftragsdatum (Text)]; 2 )
```

Diese drei Formeln verknüpfen wir nun in einer „if" Formel. Wenn die Länge des Textes in der Spalte „Auftragsdtum (Text) 7 beträgt, soll die Formel „Formel wenn Anzahl 7" angewendet werden, ansonsten die Formel „Formel wenn Anzahl 8".

Wir erstellen hierfür eine neue Spalte und schreiben folgende Formel:

```
Tag =
IF (
    'Aufträge'[Anzahl Zeichen] = 7;
    'Aufträge'[Formel wenn Anzahl 7];
    'Aufträge'[Formel wenn Anzahl 8]
```

)

Diese Formel ist so allerdings noch abhängig von den Hilfsspalten 'Aufträge'[Anzahl Zeichen], Aufträge'[Formel wenn Anzahl 7]; und Aufträge'[Formel wenn Anzahl 8]. Um diese Abhängigkeit zu umgehen, kopieren wir nun die jeweilige Formel aus den Hilfsspalten in die entsprechende Stelle der Formel in Spalte Aufträge[Tag]. Die Formel wird hiernach so aussehen:

```
Tag  =
IF (
    len('Aufträge'[Auftragsdatum (Text)])= 7;
    "0" & LEFT ( 'Aufträge'[Auftragsdatum (Text)]; 1 );
    LEFT ( 'Aufträge'[Auftragsdatum (Text)]; 2 )
)
```

Die Hilfsspalten 'Aufträge'[Anzahl Zeichen], Aufträge'[Formel wenn Anzahl 7]; und Aufträge'[Formel wenn Anzahl 8] können wir nun löschen.
Die Formeln der Spalte Aufträge[Tag] können wir nun verwenden, um das Argument für den Tag (derzeit 31) in der Spalte Aufträge[Auftragsdatum (Datum)] zu ersetzen und die Spalte somit vollständig zu dynamisieren.
Die Formel sieht abschließend wie folgt aus:

```
Auftragsdatum (Datum) =
DATE ( RIGHT ( 'Aufträge'[Auftragsdatum (Text)]; 4 ); LEFT ( RIGHT (
'Aufträge'[Auftragsdatum (Text)]; 6 ); 2 ); IF (
    LEN ( 'Aufträge'[Auftragsdatum (Text)] ) = 7;
    "0" & LEFT ( 'Aufträge'[Auftragsdatum (Text)]; 1 );
    LEFT ( 'Aufträge'[Auftragsdatum (Text)]; 2 )
) )
```

Die Hilfsspalte Aufträge[Tag] kann nun gelöscht werden.
Sie sehen an dieser Stelle, dass es sehr aufwendig war, ein scheinbar kleines Problem (Datum ist als Text formatiert und bei Tagen kleiner 10 fehlt die führende Null) enormen Aufwand nach sich ziehen kann, welcher an dieser Stelle aber notwendig war, um die vorhandenen Daten optimal nutzen zu können.
In Excel wäre das Problem einfacher zu lösen gewesen, in DAX besteht immer die Herausforderung, dass eine Formel alle Eventualitäten abdecken muss, die in einer Spalte auftreten können.

In der gleichen Tabelle erstellen Sie bitte zwei weitere berechnete Spalten, einmal die Spalte Monat & Jahr. Hierzu können Sie die gleiche Formel verwenden, jedoch setzen Sie als fixen Wert für den Tag bitte eine 1. Die Formel sieht dann wie folgt aus:

```
Monat & Jahr =
DATE ( RIGHT ( 'Aufträge'[Auftragsdatum (Text)]; 4 ); LEFT ( RIGHT (
'Aufträge'[Auftragsdatum (Text)]; 6 ); 2 ); 1 )
```

Zur Übung gehen Sie bitte in die Tabelle „Mitarbeiter" und wiederholen die Prozedur mit den Spalten Mitarbeiter[Geburtsdatum] und Mitarbeiter[Einstellungsdatum]. Damit Sie am Ende auf den gleichen Stand sind wie ich, erhalten Sie hier die fertigen Formeln (bitte versuchen Sie sich aber selbst an der Aufgabe um Ihr Verständnis zu schärfen):

```
Geburtsdatum (Datum) =
DATE ( RIGHT ( Mitarbeiter[Geburtsdatum]; 4 ); LEFT ( RIGHT ( Mi-
tarbeiter[Geburtsdatum]; 6 ); 2 ); IF (
    LEN ( Mitarbeiter[Geburtsdatum] ) = 7;
    "0" & LEFT ( Mitarbeiter[Geburtsdatum]; 1 );
    LEFT ( Mitarbeiter[Geburtsdatum]; 2 )
) )
```

```
Einstellungsdatum (Datum) =
DATE ( RIGHT ( Mitarbeiter[Einstellungsdatum]; 4 ); LEFT ( RIGHT (
Mitarbeiter[Einstellungsdatum]; 6 ); 2 ); IF (
    LEN ( Mitarbeiter[Einstellungsdatum] ) = 7;
    "0" & LEFT ( Mitarbeiter[Einstellungsdatum]; 1 );
    LEFT ( Mitarbeiter[Einstellungsdatum]; 2 )
) )
```

2.18 Zugriff auf Spalten in anderen Tabellen

Sie haben auf den letzten Seiten das Handwerkszeug gelernt, um Spalten zu berechnen, die sich auf andere Spalten in der selben Tabelle beziehen.

Es ist mit DAX möglich, Spalten zu berechnen, die sich auf Spalten in anderen Tabellen beziehen. Grundvoraussetzung dafür ist, dass zwischen den Tabellen eine Datenverbindung besteht. Es ist dabei egal, ob die Beziehung direkt zwischen der Tabelle in der die Spalte berechnet wird, und der Spalte in der die gewünschten Daten stehen, oder ob mehrere Tabellen dazwischen sind. Wichtig ist die Richtung der 1 zu * / * zu 1 Beziehung.

Sehen Sie sich unser Datenmodell an zur Verdeutlichung.

Von der Tabelle „Mitarbeiter" aus können Sie mittels DAX Formel relatedtable() auf Daten der Tabellen „Aufträge" und „Auftragsdetails" zugreifen. Von der Tabelle „Mitarbeiter" zu „Aufträge" besteht eine 1 zu * Beziehung. Von der Tabelle „Aufträge" zu Auftragsdetails besteht eine 1 zu * Beziehung. Auf diese Weise kann man die Möglichkeit verfolgen, von welcher Tabelle aus auf Daten welcher anderen Tabelle mit welcher Formel zugegriffen werden kann.

Eine 1 zu * Beziehung ist für die Formel relatedtable() dabei als Brücke anzusehen, mit derer Hilfe man auf die Daten der Tabelle zugreifen kann, welche am * angesiedelt ist. Eine * zu 1 Beziehung ist hierbei als Mauer anzusehen, die den weiteren Zugriff verhindert. Deshalb ist es in diesem Beispiel mit der Formel relatedtable() auch nicht möglich, den Weg weiter zu gehen von der Tabelle Auftragsdetails zur Tabelle Produkte, da die * zu 1 Beziehung eine Mauer für den Zugriff darstellt.

Hier die Anwendung anhand eines praktischen Beispiels.

In der Tabelle Aufträge sind alle Aufträge gelistet. Diese lassen sich anhand der Auftragsnummer eindeutig identifizieren.

Wie viel Umsatz ein Auftrag insgesamt gebracht hat, lässt sich in dieser Tabelle nicht ablesen, da es zu jedem Auftrag mehrere Positionen geben kann, eine Liste über die Details zu den Aufträgen finden wir in der Tabelle Auftragsdetails.

Wenn wir nun aber in der Tabelle Aufträge direkt zu jeder Auftragsnummer den dazugehörigen Umsatz sehen möchten, so können wir hierzu eine neue berechnete Spalte erstellen und die Formel relatedtable() zu Hilfe ziehen, da mit dieser Formel der Zugriff auf Daten anderer Tabellen möglich ist, solange eine 1 zu * Beziehung besteht (egal über wie viele Tabellen hinweg).

Um dies zu ermöglichen schreiben wir folgende Formel in die neu erstellte berechnete Spalte in der Tabelle Aufträge:

```
Umsatz =
sumx(RELATEDTABLE(Auftragsdetails);Auftragsdetails[Umsatz]*1)
```

Als Ergebnis sehen wir in der neu erstellten Spalte je Auftrag den dazugehörigen Umsatz.

Ebenso ist es auch möglich, auf Daten zuzugreifen, wo die Tabellen anders herum verbunden sind, also durch eine * zu 1 Beziehung. Hierzu nehmen wir die Formel related().

Zur Veranschaulichung möchten wir nun ebenfalls in der Tabelle Aufträge eine weitere berechnete Spalte sehen, in der uns der Kundenname zu dem jeweiligen Auftrag angezeigt wird. Hierzu schreiben wir folgende Formel in die neue Spalte:

```
Kunde = related(Kunden[Kundenname])
```

Diese Formel ist um einiges simpler als die vorherige Formel, da keine Berechnung durchgeführt werden muss, sondern es wird zu der Spalte Kundennummer (die Spalte, über die die Tabellen miteinander verbunden sind) , lediglich der dazugehörige Wert aus der Spalte Kundenname wiedergegeben. Die Formel ist vergleichbar mit dem SVERWEIS aus Excel.

Auftragsnumr	Kundennum m	Personalnumı	Auftragsdatum (Tı	Fracht	Auftragsdatum (Datı	Umsatz	Kunde
10250	HANAR	4	8071996	65,83	08.07.1996	1.552,60	Hanari Carnes
10252	SUPRD	4	9071996	51,3	09.07.1996	3.597,90	Suprêmes délices
10257	HILAA	4	16071996	81,91	16.07.1996	1.119,90	HILARIÓN-Abastos
10259	CENTC	4	18071996	3,25	18.07.1996	100,80	Centro comercial Moctezuma
10260	OLDWO	4	19071996	55,09	19.07.1996	1.504,65	Old World Delicatessen
10261	QUEDE	4	19071996	3,05	19.07.1996	448,00	Que Delícia
10267	FRANK	4	29071996	208,58	29.07.1996	3.536,60	Frankenversand
10281	ROMEY	4	14081996	2,94	14.08.1996	86,50	Romero y tomillo
10282	ROMEY	4	15081996	12,69	15.08.1996	155,40	Romero y tomillo
10284	LEHMS	4	19081996	76,56	19.08.1996	1.170,38	Lehmanns Marktstand

An dieser Stelle möchte ich es mit dem Thema berechnete Spalten belassen. Sie sind nun in der Lage, berechnete Spalten zu erstellen und verfügen über Grundlagenwissen, wie man einfache bis etwas schwierigere DAX Formeln erstellt.

2.19 Measures

Neben den berechneten Spalten gibt es mit Hilfe von DAX eine weitere Möglichkeit, Berechnungen durchzuführen: Die sogenannten Measures.

Eine berechnete Spalte berechnet einen Wert je Zeile und gibt für jede Zeile ein Ergebnis aus, während ein Measure mit Datenaggregationen (Summe, Durchschnitt, usw.) arbeitet, die innerhalb der Measure Formel definiert werden müssen. Es kann möglich sein (jedoch nicht immer), den gleichen Sachverhalt sowohl durch eine berechnete Spalte als auch durch ein Measure zu berechnen.

Bei der Auswahl kann man folgende Gründe nennen, die für eine berechnete Spalte oder ein Measure sprechen:

Eine berechnete Spalte sollte immer dann gewählt werden, wenn:

- In einer Auswertung mit Hilfe eines Datenslicers nach dem Ergebnis einer Formel gefiltert werden soll. Dann muss diese Formel als berechnete Spalte definiert werden
- Wenn eine Formel geschrieben wird, die Angaben aus einer Zeile kategorisiert. Zum Beispiel haben Sie in einer Spalte den Wert „Alter in Jahre" von Mitarbeitern und möchten anhand dieser Spalte die Mitarbeiter kategorisieren nach „erwachsen" und „nicht erwachsen".

Sie werden im Laufe Ihrer Arbeiten recht schnell feststellen, dass viele Formeln sowohl mit berechneten Spalten als auch mit Measures funktionieren.

Eingehend zum Kapital über DAX erwähnte ich, dass sich Excel User beim Schreiben der Formeln einerseits recht schnell heimisch fühlen werden, andererseits irgendwann an einen Punkt angelangt sein werden, an der die Funktionsweise der Formeln nicht mehr ohne weiteres zu verstehen ist. An diesen Punkt möchte ich Sie nun Schritt für Schritt heranführen und Ihnen die Basics vermitteln, die notwendig sind, um das nicht auf den ersten Blick durchschaubare Verhalten der DAX Formeln zu verstehen.

Wir erinnern uns, dass wir in einem vorherigen Kapitel in der Tabelle Auftragsdetails eine berechnete Spalte Umsatz erstellt haben, indem wir den Einzelpreis, die Anzahl sowie den gewährten Rabatt miteinander multipliziert haben. Das Ergebnis war für jede einzelne Zeile in der Spalte Umsatz sofort sichtbar.

Erstellen wir nun ein Measure, welches den Umsatz ausweist.

Gehen Sie hierzu auf Modellierung, neues Measure.

Man könnte nun meinen, dass die Formel für das Measure Umsatz identisch lauten müsste zu der Formel Umsatz als berechnete Spalte.

Die Formel für den Umsatz in der berechneten Spalte lautete wie folgt:

```
Umsatz (berechnete Spalte) =
Auftragsdetails[Einzelpreis] * Auftragsdetails[Anzahl]
    * ( 1 - Auftragsdetails[Rabatt in %] )
```

In dieser Formel wurden die entsprechenden Spalten (zzgl. einer kleinen Rechenoperation in der Spalte Rabatt in %) miteinander multipliziert. Das Programm hatte somit eine Anweisung zur Verfügung, die sie Zeile für Zeile anwenden konnte und für jede Zeile ein Ergebnis berechnen und in der neuen Spalte anzeigen konnte.

Versuchen Sie, diese Formel für das Measure zu verwenden. Sie werden feststellen, dass das Programm es nicht zulässt, diese Formel zu verwenden.

Es scheitert schon zu Beginn der Formel, da Sie nicht ohne weiteres die Spalte Auftragsdetails[Einzelpreis] in die DAX Formel integrieren können.

Um zu verstehen, wieso Power BI diese Formel für unser Measure nicht akzeptiert, müssen wir zuerst etwas genauer verstehen, was ein Measure ist.

Eine Berechnete Spalte hingegen ist recht simpel zu verstehen. Wir schreiben eine Formel, in der wir zum Beispiel zwei andere Spalten miteinander multiplizieren und sehen das Ergebnis dieser Formel, berechnet für jede einzelne Zeile in der neuen Spalte.

Wenn wir ein Measure definieren, werden wir das Ergebnis des Measures erstmal nirgendwo sehen, wir können also nicht auf Anhieb feststellen, ob unsere Formel korrekt funktioniert. Das einzige was wir auf Anhieb feststellen können, ist, ob die Syntax der Formel korrekt ist und Power BI die Formel akzeptiert hat. Ist dies der

Fall, erscheint das Measure im rechten Bereich mit einem vorangehenden Taschen-rechnersymbol.

Sie können das Measure anklicken, das Einzige was Sie sehen werden, ist allerdings die Formel, die zur Berechnung des Measures geschrieben wurde. Hier ein Beispiel zur Ansicht:

Das Measure ist im Gegensatz zur berechneten Spalte ein einzelner Wert, der berechnet wird, welcher jedoch bei der späteren Visualisierung durch entsprechend gesetzte Slicer und Filter auf weitere Kriterien heruntergebrochen werden kann. Dies erklärt im Grunde genommen auch, weshalb die selbe Formel in unserem Fall nicht für die berechnete Spalte und auch für das Measure verwendet werden kann.

Da das Ergebnis des Measures ein einziger Wert ist und nicht ein Wert für jede einzelne Zeile wie bei der berechneten Spalte,kann das Measure mit der Formel so nichts anfangen, da es keinen Wert für eine Spalte hat. Wir sagen nur, multipliziere die drei Spalten miteinander, aber welchen Wert hat denn eine Spalte? Diese Aussage ist an dieser Stelle noch sehr untransparent. Aber schauen wir uns doch nochmal die Formel der berechneten Spalte an:

```
Umsatz (berechnete Spalte) =
Auftragsdetails[Einzelpreis] * Auftragsdetails[Anzahl]
```

Nochmal an dieser Stelle: Bei der berechneten Spalte erwarten wir durch diese Formel für jede Zeile einen einzelnen Wert. Unter diesem Gesichtspunkt kann das Programm die Formel auch verarbeiten, da es in jeder Zeile für jede der in der Formel angegebenen Spalten einen festen Wert findet.

Als Ergebnis des Measures erwarten wir jedoch nur einen einzigen Wert, welcher erst später im Filterkontext auf andere Kriterien heruntergebrochen wird.

Wenn wir für den Umsatz einen einzigen Wert erwarten, erwarten wir instinktiv als Wert die Summe aller Einzelumsätze.

Das ist der entscheidende Punkt, dessen wir uns bewusst sein müssen. Wie können wir also von dem Measure erwarten, dass es uns als Ergebnis die Summe aller Umsätze liefert, wenn wir der Formel nirgendwo mitgeben, dass wir die Summe sehen möchten?

In der obigen Formel werden lediglich einzelne Spalten miteinander multipliziert. Wenn dies (wie es bei einer berechneten Spalte der Fall ist) Zeile für Zeile geschieht, gibt es einen fest definierten Wert für jede Spalte in jeder Zeile.

Damit das Measure korrekt arbeitet, müssen wir eine Anweisung schreiben, durch die das Measure im Hintergrund die Multiplikation der drei Spalten für jede Zeile der Tabelle durchgeht und am Ende alle Ergebnisse jeder einzelnen Zeile aufsummiert.

Die Formel hierfür lautet wie folgt:

```
Umsatz Measure =
SUMX (
    Auftragsdetails;
    Auftragsdetails[Einzelpreis] * Auftragsdetails[Anzahl]
        * ( 1 - Auftragsdetails[Rabatt in %] )
)
```

Und die Formel ist wie folgt zu verstehen:

Beim Ausdruck sumx handelt es sich um einen sogenannten Iterator. Der Iterator erschafft einen Zeilenkontext, welcher für die korrekte funktionsweise der Formel notwendig ist.

Die oben geschriebene Formel sagt:

Gehe in die Tabelle Auftragsdetails (der erste Ausdruck der Formel sumx; hier wird eine Tabelle angegeben)und führe dort Zeile für Zeile folgende Rechenoperation durch:

Auftragsdetails[Einzelpreis]*Auftragsdetails[Anzahl]*(1-Auftragsdetails[Rabatt in %]

(der zweite Ausdruck der Formel sumx; hier wird eine Rechenoperation angegeben, die in der vorher definierten Tabelle Zeile für Zeile durchgeführt wird)

Am Ende summierst Du das Ergebnis jeder Zeile zu einem Wert auf (wird durch die sumx Funktion getriggert).

Das Ergebnis des Measures werden wir erst sehen, sobald wir dieses Visualisiert haben. Das Thema Visualisierungen wird später im Buch nochmal ausführlicher behandelt, jedoch werde ich aus didaktischen Gründen einen kleinen Teil an dieser Stelle vorweg nehmen, um das korrekte Ergebnis eines Measures zu überprüfen.

Gehe hierzu links oben in den Arbeitsbereich Bericht.

Erstelle über den rechten Bereich eine Matrix Visualisierung und ziehe die Spalte Land aus der Tabelle Kunden in die Zeilen, die Spalte Umsatz (berechnete Spalte) sowie das Measure Umsatz in die Werte.

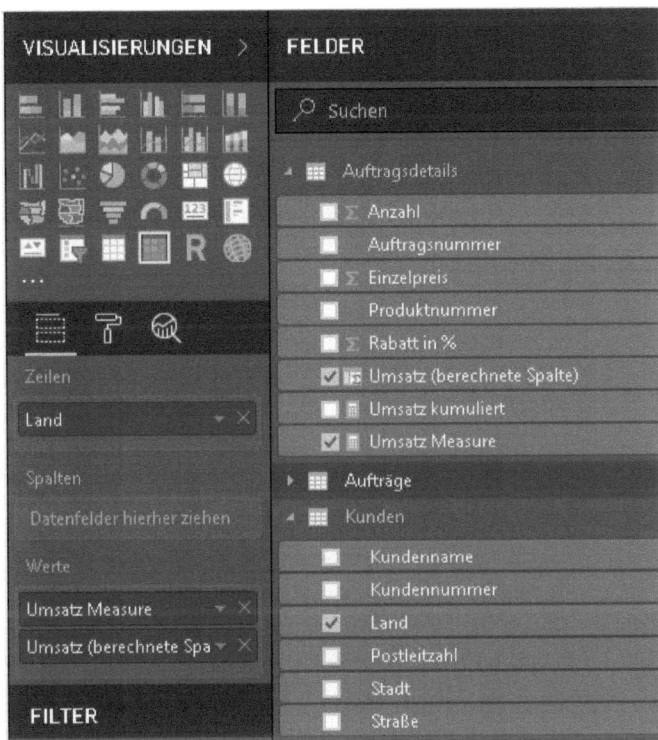

Das Ergebnis sollte wie folgt aussehen:

Land	Umsatz Measure	Umsatz (berechnete Spalte)
Argentina	8.119,10	8.119,10
Austria	128.003,84	128.003,84
Belgium	33.824,85	33.824,85
Brazil	108.789,18	108.789,18
Canada	50.196,29	50.196,29
Denmark	32.661,02	32.661,02
Finland	19.250,05	19.250,05
France	80.918,32	80.918,32
Germany	226.916,58	226.916,58
Ireland	49.979,90	49.979,90
Italy	15.770,15	15.770,15
Mexico	23.582,08	23.582,08
Norway	5.735,15	5.735,15
Poland	3.531,95	3.531,95
Portugal	12.883,36	12.883,36
Spain	17.983,20	17.983,20
Sweden	54.495,14	54.495,14
Switzerland	31.692,66	31.692,66
UK	58.971,31	58.971,31
USA	245.678,26	245.678,26
Venezuela	56.810,63	56.810,63
Gesamt	**1.265.793,04**	**1.265.793,04**

Wir haben an dieser Stelle auf die Schnelle eine Umsatzauswertung nach Ländern erstellt, in denen die Kunden ihren Sitz haben.
Und anhand der zu sehenden Zahlen können wir feststellen, dass unser Measure die selben Zahlen liefert wie die berechnete Spalte. Wir haben also alles richtig gemacht und an dieser Stelle einen kurzen Einblick in das Thema Visualisierungen bekommen, wodurch wir in der Lage sind, ein Measure auf seine Richtigkeit hin besser überprüfen zu können.

Das Kapitel über die berechneten Spalten war relativ lang im Gegensatz zu dem Kapitel über die Measures, da dort auch grundlegende Punkte zur Navigation und Erstellung von Formeln abgearbeitet wurden.

Ich möchte jedoch darauf hinweisen, dass speziell das Verständnis dieses Kapitel enorm wichtig für Ihre weitere Einarbeitung in das Thema Power BI und DAX ist und von daher empfehle ich, das Kapital bis hierhin noch ein oder zweimal zu lesen und zu verinnerlichen um wirklich sicher zu stellen, dass der Inhalt verstanden ist.

Wir haben nun gelernt, dass man Berechnungen sowohl mit berechneten Spalten, als auch durch Measures vornehmen kann. Im letzten Fall hatten wir es mit einer Berechnung zu tun, die wir sowohl durch eine berechnete Spalte, als auch durch ein Measure darstellen konnten.

Nun möchte ich anhand eines praktischen Beispiels zeigen, dass es durchaus Berechnungen gibt, die wir nur durch ein Measure vornehmen können.

Dies wäre der Fall, wenn wir den zeitlich kumulierten Umsatz auf ein Kalenderjahr berechnet haben möchten.

Zur Verinnerlichung, was wir als Ergebnis erwarten, gehen wir nochmals in den Bereich Berichte

Hier wählen wir die Visualisierung gestapeltes Säulendiagramm und Schieben aus der Tabelle Aufträge die Spalte Auftragsdatum (Datum) in die Achse (Achtung: Sobald Sie die Spalte in das Feld Achse geschoben haben, klicken Sie bitte auf den kleinen Pfeil rechts neben dem Wort Datum und wählen Sie im erscheinenden Kontextmenü bitte Auftragsdatum (datum) anstatt Datumshierarchie aus).

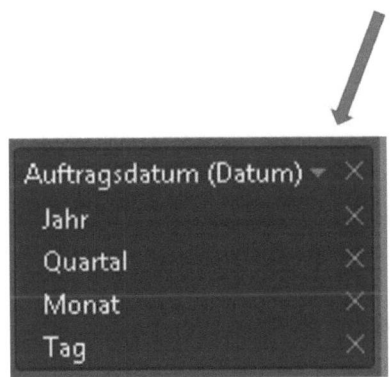

In das Feld Wert ziehen Sie bitte unser Umsatz Measure.

Das Ergebnis sieht wie folgt aus:

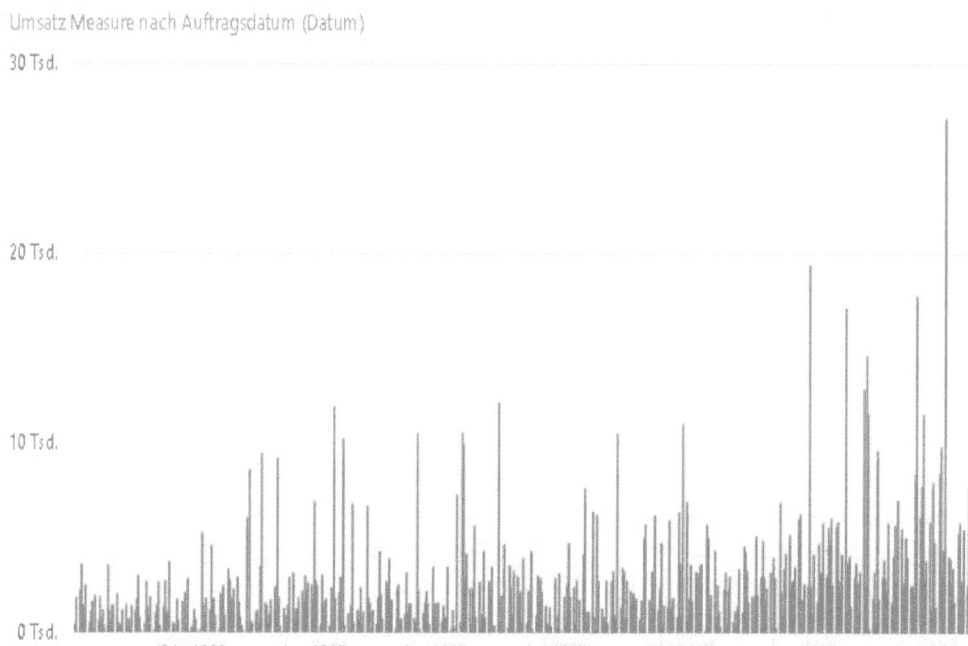

Umsatz Measure nach Auftragsdatum (Datum)

Wir sehen zu jedem Datum aus der Spalte Auftragsdatum (Datum) den dazugehörigen Umsatz, welcher explizit an diesem Tag erzielt wurde.
Nun möchten wir aber für jeden Tag den aufsummierten Umsatz ab Beginn des Jahres anzeigen lassen.
Die Grafik müsste dann so aussehen, dass zu Beginn des Jahres der Balken sehr niedrig ist, zum Jahresende hin stetig immer größer wird und ab dem ersten Tag eines neuen Jahres müsste der Balken wieder von vorne auf einem sehr niedrigen Stand beginnen und weiter anwachsen.
Wenn wir uns nun eine Exceltabelle vorstellen, wäre es ohne großen Aufwand realisierbar, eine Spalte zu erstellen, in welcher der kumulierte Umsatz ausgewiesen wird. Man könnte sich eine Tabelle erstellen, in welcher in Spalte A das Datum des Umsatzes angegeben ist und in Spalte B der Umsatz.

Diese Tabelle wird aufsteigend nach Datum sortiert.

In Spalte C schreiben wir nun in die erste Zeile, dass der Umsatzwert aus Spalte B angezeigt werden soll. In die zweite Zeile der Spalte C möchten wir den Wert aus Zeile 1 Spalte C addiert um den Wert aus Spalte B Zeile 2 sehen und diese Formel kopieren wir bis zum Ende der Tabelle nach unten.

In Excel ist es ein leichtes eine solche Formel zu schreiben, da wir uns in einer Excel Formel individuell auf jede mögliche Zelle beziehen können.

In DAX das haben wir bei den berechneten Spalten die Schwierigkeit, dass eine Berechnung für eine berechnete Spalte Zeile für Zeile der Tabelle wiederholt wird und sich die Berechnung immer auf die Werte der aktuellen Zeile bezieht. Es ist nicht ohne weiteres möglich ist, in solch einer Formel auf den Wert einer anderen Zeile zuzugreifen.

Bei einem Measure hingegen ist dieses Problem einfach zu lösen, da es für solche Fälle bereits vorgefertigte Formeln gibt.

Um unser Problem zu lösen, verwenden wir die Formel
„totalytd"

Schreiben wir also das Measure Umsatz kumuliert wie folgt:

```
Umsatz kumuliert =
TOTALYTD ( [Umsatz Mea-sure]; 'Aufträge'[Monat & Jahr] )
```

Der Syntax der Formel verlangt als ersten Ausdruck ein Measure, von welchem der Wert kumuliert dargestellt werden soll, also in unserem Fall das Umsatz Measure. Als zweiten Ausdruck verlangt die Formel Datumswerte, nach denen das Measure kumuliert werden soll, also in unserem Fall die Spalte Auftragsdatum(Datum) aus der Tabelle Aufträge.

Schauen wir uns nun das Ergebnis des Measures Umsatz kumuliert in der Visualisierung an. Hierzu tauschen wir in unseren Säulendiagramm einfach für Wert das Measure Umsatz gegen das Measure Umsatz kumuliert aus.

Das Ergebnis sieht aus wie erwartet:

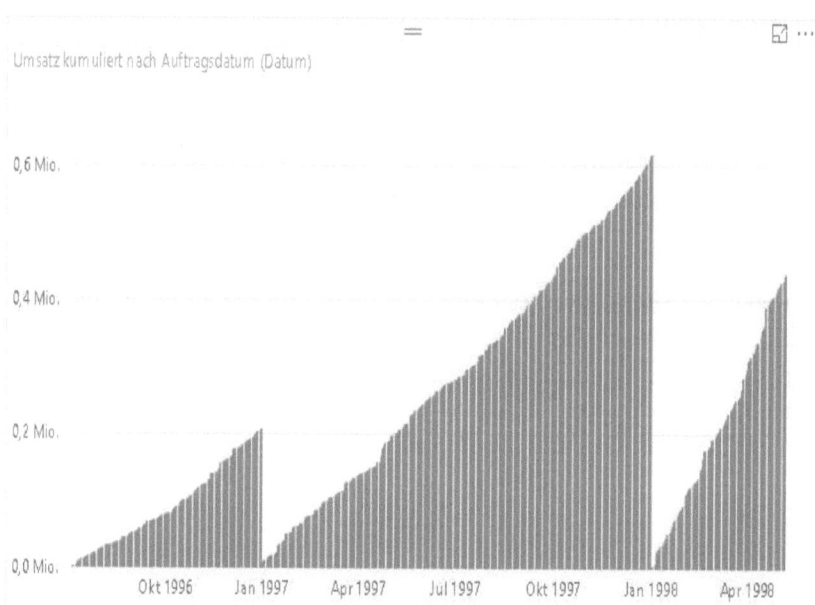

Ich denke, dass hiermit eine gute Basis gelegt ist, die Sie für Ihre weitere Arbeit mit Measures unterstützen wird. Ich möchte gerne noch einmal darauf hinweisen, dass ich in diesem Buch nicht sämtliche existierende Formeln abhandeln werde, sondern lediglich die wichtigsten Basics vermitteln möchte, um mit Power BI zu arbeiten. Durch unzählige Tutorials und youtube Channels zu diesem Thema, lässt sich Ihr Wissen sehr schnell erweitern.

2.20 Berechnete Tabellen

Ebenso wie es möglich ist, Spalten und Measures zu berechnen, lassen sich durch DAX Formeln auch ganze Tabellen berechnen (erzeugen).

Hierzu möchte ich zuerst einmal das Verständnis schärfen, wozu überhaupt eine berechnete Tabelle benötigt wird. Es gibt sicher unzählige Verwendungsmöglichkeiten, jedoch ist meiner Meinung nach die folgende Möglichkeit die Wichtigste.

DAX arbeitet in den Formeln sehr viel mit Aggregatoren, also zum Beispiel werden Werte errechnet durch die Bildung einer Summe einer kompletten Spalte.

Wir haben im vorherigen Kapitel eine Auswertung erstellt, in dem wir unser Umsatz Measure nach der Spalte Land aus der Tabelle Kunden gefiltert haben und somit eine Aufstellung gesehen, in der wir unseren gesamten Umsatz nach den Ländern aufgegliedert haben.

Es kann in der Praxis jedoch durchaus der Fall sein, dass wir ein Measure möchten, in welchem wir ausschließlich den Umsatz eines Landes sehen möchten, zum Beispiel Germany.

Bevor wir uns dieser Aufgabe widmen, stellen wir diese aufgrund der Schwieriigkeit noch ein klein wenig zurück und versuchen erstmal etwas einfacheres, nur um das Funktionsprinzip zu verdeutlichen.

In der Tabelle Auftragsdetails gibt es die Spalte Produktnummer. Ich möchte ein Measure erstellen, welches mir nur den Umsatz des Produkts mit der Produktnummer 76 anzeigt.

Schauen wir uns an dieser Stelle nochmal das Measure Umsatz an.

```
    Umsatz Measure =
SUMX (
    Auftragsdetails;
    Auftragsdetails[Einzelpreis] * Auftragsdetails[Anzahl]
        * ( 1 - Auftragsdetails[Rabatt in %] )
)
```

Das Measure besagt über die Funktion sumx, dass wir durch die Multiplikation der drei Spalten Zeile für Zeile einen Wert für den Umsatz errechnen und am Ende all diese einzelnen Werte aufsummiert werden.

Das erste Argument dieser Formel (Auftragsdetails) gibt die Tabelle an, die Zeile für Zeile durchgegangen wird.

Und hier liegt auch der Ansatzpunkt, um nur an die Werte für die Produktnummer 76 zu kommen.

So wie die Formel aufgebaut ist, erhalten wir als Ergebnis den gesamten Umsatz, da in der Tabelle Auftragsdetails Aufträge für sämtliche Produktnummern enthalten sind. Um nur an den Umsatz für Produktnummer 76 zu kommen, müssten wir stattdessen über eine Tabelle Auftragsdetails verfügen, die nur die Zeilen enthält, in denen der Wert der Spalte Produktnummer 76 beträgt.

Und an dieser Stelle können wir uns Abhilfe mit einer berechneten Tabelle verschaffen.

Hier einmal kurz der Vergleich zu Excel. In Excel würde man einfach einen Auto Filter setzen auf die Spalte Produktnummer, nach den Wert 76 filtern und die angezeigten Daten weiterverarbeiten. Im Grunde genommen machen wir in DAX genau das gleiche, nur dass wir die Tabelle nicht einfach filtern können, sondern für die Berechnung eine weitere Tabelle benötigen, in der nur die Daten für Produktnummer 76 enthalten sind.

Hierzu bedienen wir uns der Möglichkeit, mit DAX eine Tabelle zu berechnen. Gehen Sie dazu bitte in den Bereich Daten und dann auf Modellierung, Neue Tabelle.

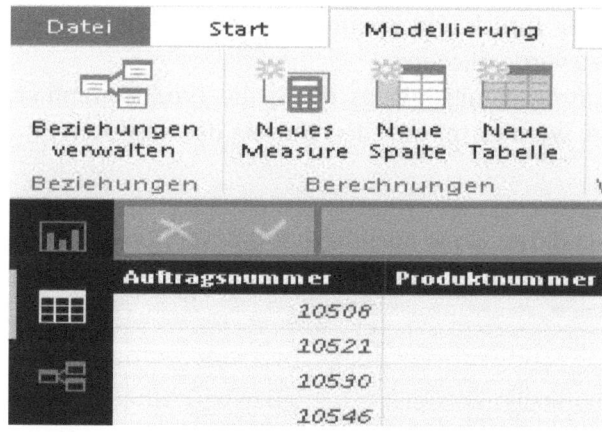

Ebenso wie man eine Formel für eine berechnete Spalte oder für ein Measure in die Formelzeile eingeben kann, können wir nun auch eine Formel eingeben um eine Tabelle zu berechnen.

Schreiben Sie bitte folgende Formel in die Formelzeile und betätigen Sie mit Enter:

```
Auftragsdetails Produktnr 76 =
Filter (Auftragsdetails; Auftragsdetails[Produktnummer] = 76)
```

Sie werden sehen, dass sich vor Ihnen die gewünschte Tabelle aufbaut, und zwar die Tabelle Aufgtragsdetails nur mit den Datensätzen, die als Produktnummer die 76 enthalten.

Zudem erscheint rechts im Bereich Felder die neue Tabelle.

Ebenso erscheint in der Tabelle die berechnete Spalte der Originaltabelle Auftragsdetails. Jedoch ist es nicht möglich, in dieser Tabelle Änderungen an der Berechnung vorzunehmen. Dies funktioniert nur in der originalen berechneten Spalte.

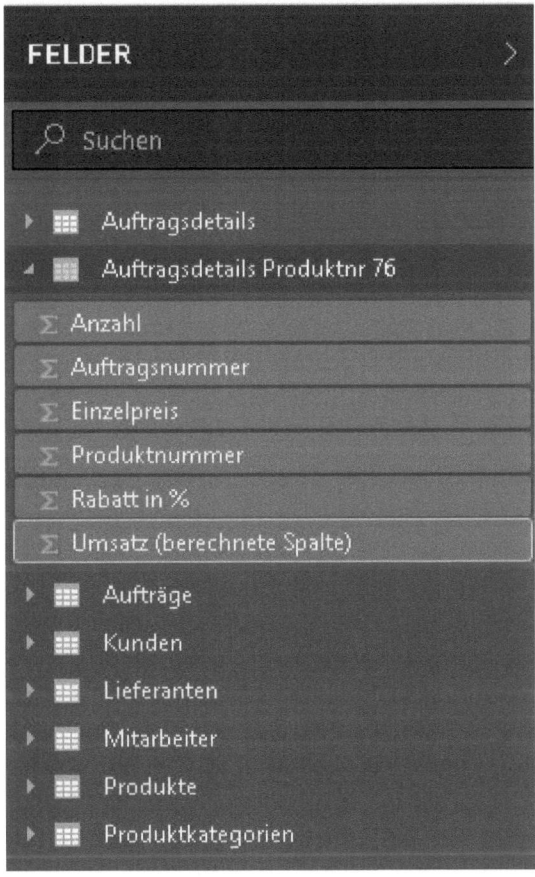

Schreiben wir nun ein neues Measure mit der Bezeichnung Umsatz Produktnr 76. Hierzu verwenden Sie das selbe Measure wie das Umsatz Measure, sie ändern in der Formel lediglich die Tabelle Auftragsdetails zu Auftragsdetails Produktnr 76 ab und bei der Definition der Spalten Ändern Sie die vorangehende Tabelle jeweils auch immer zu Auftragsdetails Produktnr 76 ab. Das Ergebnis schauen wir uns in der Visualisierung an:

Wir wählen die Matrix Visualisierung, schieben die Spalte Produktnummer aus der Tabelle Produkte in die Zeilen und packen das Umsatz Measure sowie das Measure Umsatz Produktnr 76 in die Werte. Ich nehme an, dass Ergebnis ist nicht das, was Sie erwartet hatten:

Produktnummer	Umsatz Measure	Umsatz Produktnr76
68	8.714,00	15.760,44
69	21.942,36	15.760,44
70	10.672,65	15.760,44
71	19.551,02	15.760,44
72	24.900,13	15.760,44
73	3.997,20	15.760,44
74	2.432,50	15.760,44
75	8.177,49	15.760,44
76	15.760,44	15.760,44
77	9.171,63	15.760,44
Gesamt	1.265.793,04	15.760,44

In der ersten Spalte sehen wir sämtliche Produktnummern, in der zweiten Spalte die dazugehörigen Umsätze durch unser Umsatz Measure und in der dritten Spalte die dazugehörigen Umsatzwerte des Measures Umsatz Produktnr 76.
Wir sehen, dass unser neu geschriebenes Measure zwar den richtigen Wert für das Produkt Nr 76 ausweist, jedoch weist das neu berechnete Measure diesen Wert auch für jedes andere Produkt aus und sogar als Summe.
Der Grund hierfür ist, dass wir hier zwei unterschiedliche Measures nach einer Spalte filtern (Produktnummer aus der Tabelle Produkte), welche sich überhaupt nicht in der selben Tabelle befindet, aus der das Measure seine Daten bezieht.
Wie wir weiter oben gelernt haben, müssen die Tabellen untereinander in Beziehung gesetzt sein, um Daten einer Tabelle nach einem Kriterium einer anderen Tabelle filtern zu können.

Das Umsatz Measure weist an dieser Stelle korrekte Werte aus, da es bereits eine Beziehung zwischen der Tabelle Auftragsdetails und Produkte gibt. Nun haben wir vorhin jedoch die neue Tabelle Auftragsdetails Produktnr 76 erstellt, jedoch nicht daran gedacht, diese Tabelle in eine sinnvolle Beziehung zu den anderen Tabellen zu setzen.

Gehen Sie deshalb nun bitte in den Arbeitsbereich Beziehungen, um dieses nachzuholen.

Sie sehen, dass die Tabelle Auftragsdetails Produktnr 76 noch völlig isoliert von den anderen Tabellen im Raum steht.

Setzen Sie nun bitte wie in dem Kapitel über Beziehungen beschrieben die Tabelle Auftragsdetails Produktnr 76 über die Spalte Produktnummer in eine Beziehung zur Tabelle Produkte.

Wenn Sie nun wieder zur Visualisierung wechseln, werden Sie sehen, dass wir das gewünschte Ergebnis erreicht haben.

Produktnummer	Umsatz Measure	Umsatz Produktnr76
68	8.714,00	
69	21.942,36	
70	10.672,65	
71	19.551,02	
72	24.900,13	
73	3.997,20	
74	2.432,50	
75	8.177,49	
76	15.760,44	15.760,44
77	9.171,63	
Gesamt	1.265.793,04	15.760,44

Ich hoffe, Sie sind nun nicht ärgerlich, wenn ich Ihnen verrate, dass es eine viel einfachere Methode gibt, um das gleiche Ergebnis zu erzielen. Ich wollte Ihnen jedoch zuerst diesen Weg aufzeigen, da ich befürchte, dass bei dem nicht so umständlichen Weg das Verständnis dafür verloren gegangen wäre, was im Hintergrund tatsächlich passiert.

Sie werden im stillen vermutlich schon gedacht haben, dass es sehr aufwendig ist, für einen einzigen zu berechnenden Wert eine seperate Tabelle zu erzeugen und diese dann noch in Beziehung zu den anderen Tabellen im Datenmodell zu setzen.

Das tolle an der Möglichkeit, Tabellen zu berechnen ist, dass sie genau wie ein Measure oder eine berechnete Spalte über eine Formel berechnet werden.

Bis hierher haben wir nun schon gelernt, dass man Formeln auf unterschiedlichste Art und Weise miteinander kombinieren und verschachteln kann. Wieso sollte es also nicht funktionieren, die Formel für eine berechnete Tabelle in die Formel für ein Measure zu integrieren? Genau dieses ist möglich.

Sehen wir uns nochmal die Formel für das Measure zur Berechnung des Umsatzes mit Produkt Nr 76 an.

```
Umsatz Produktnr76 =
SUMX (
    'Auftragsdetails Produktnr 76';
    'Auftragsdetails Produktnr 76'[Einzelpreis]
        * 'Auftragsdetails Produktnr 76'[Anzahl]
        * ( 1 - 'Auftragsdetails Produktnr 76'[Rabatt in %] )
)
```

Als erstes Argument des Iterators sumx haben wir uns auf die Tabelle Auftragsdetails Produktnr 76 bezogen. Wichtig hierbei ist, dass wir die Tabelle im Vorfeld erzeugt haben und in dieser Formel nur den Namen der erzeugten Tabelle angegeben haben.

Stattdessen hätten wir die Tabelle im Vorfeld überhaupt nicht erzeugen müssen. Es hätte genügt, die Formel für die Erzeugung der Tabelle als erstes Argument der Formel sumx zu verwenden.

Erzeugen Sie nun bitte ein neues Measure mit der Bezeichnung Umsatz Produktnr 76a. Hierzu kopieren Sie bitte die Formel des Measures Umsatz Produktnr 76.

Ist dies geschehen, kopieren Sie sich die Formel der erzeugten Tabelle Auftragsdetails Produktnr 76 und ersetzen Sie hiermit das erste Argument der sumx Formel ('Auftragsdetails Produktnr 76'). Ist dies geschehen, werden Sie feststellen, dass Power BI die restliche Formel auf diese Art und Weise nicht mehr akzeptiert. Hier

90

sehen wir direkt den nächsten Vorteil dieser Methode. Es ist nicht mehr nötig die Tabellenbezeichnungen der angegebenen Spalten dieser Formel zu ändern.

Löschen Sie bei den Spaltenbezeichnungen also bitte jeweils die Bezeichnung Produktnr 76.

Ist dies geschehen, sieht die Formel wie folgt aus:

```
Umsatz Produktnr76 a =
SUMX (
    FILTER ( Auftragsdetails; Auftragsdetails[Produktnummer] = 76 );
    Auftragsdetails[Einzelpreis] * 'Auftragsdetails'[Anzahl]
        * ( 1 - 'Auftragsdetails'[Rabatt in %] )
)
```

Sehen wir uns das Ergebnis in der Visualisierung an:

Produktnummer	Umsatz Measure	Umsatz Produktnr76	Umsatz Produktnr76 a
60	46.825,48		
61	14.352,60		
62	47.234,97		
63	16.701,09		
64	21.957,97		
65	13.869,89		
66	3.383,00		
67	2.396,80		
68	8.714,00		
69	21.942,36		
70	10.672,65		
71	19.551,02		
72	24.900,13		
73	3.997,20		
74	2.432,50		
75	8.177,49		
76	15.760,44	15.760,44	15.760,44
77	9.171,63		
Gesamt	1.265.793,04	15.760,44	15.760,44

Das Ergebnis des Measures verhält sich also genauso wie das zuletzt erstellte Measure. Bietet allerdings den Vorteil, das keine tatsächliche, weitere Tabelle erzeugt wurde (im Hintergrund wird die Tabelle schon erzeugt, jedoch nur zur Berechnung des Measures innerhalb der Formel), die das Datenmodell unübersichtlicher macht, bei der Formel kann man sich auf die Spalten der ursprünglichen Tabelle beziehen und man muss keine weitere Tabelle in Beziehung zu einer anderen Tabelle setzen.

Löschen Sie nun bitte das Measure Umsatz Produktnr76 und die Tabelle Auftragsdetails Produktnr 76. Diese dienten nur dem Lernzweck und werden nicht weiter benötigt. Benennen Sie nun bitte noch das Measure Umsatz Produktnr 76a um zu Umsatz Produktnr 76.

An dieser Stelle möchte ich das Thema DAX beenden. Sie haben die Grundlagen (einfache Berechnungen von Spalten, Measures, Tabellen) gelernt, was für den Einstieg in DAX notwendig ist. Durch weiteres Ausprobieren und recherchieren im Internet bei konkreten Problemen werden Sie Ihre Fähigkeiten sehr schnell weiterentwickeln können und Ihr Verständnis schärfen.

2.21 Visualisierungen

Wir haben Daten in unser Datenmodell geladen, die Tabellen miteinander in Beziehung gesetzt, Berechnungen durchgeführt, nun ist es an der Zeit, die Ergebnisse dieser Arbeiten durch die vielfältigen Visualisierungsmöglichkeiten sichtbar zu machen.

Wechseln Sie hierzu nun bitte in den Arbeitsbereich Berichte

Zuerst werde ich Ihnen einige Grundlegende Dinge zur Navigation in diesem Bereich vermitteln, auch wenn es weiter oben schon ganz kurz angesprochen wurde.
In der Mitte des Bildschirms ist eine große weiße Fläche zu sehen. Dieser Platz steht Ihnen für Berichte zur Verfügung. Ähnlich wie in Excel befindet sich am unteren Rand der weißen Fläche die Möglichkeiten, einen mehrseitigen Bericht zu erstellen (ähnlich mehrerer Tabellenblätter in Excel).
Im rechten Bereich befindet sich eine Fläche, auf der mehrere Visualisierungen zur Auswahl stehen.

Darunter sind zwei Symbole zu sehen. Eines sieht aus wie zwei Rechtecke, dargestellt durch gestrichelte Linien, das andere Symbol sieht aus wie ein Malerpinsel.

Das Symbol mit den Rechtecken trägt den Namen Felder. Einmal eine Visualisierung ausgewählt kann man hier festlegen, mit welchen Daten die Visualisierung gefüllt werden soll und wie diese angeordnet werden sollen. Je nach gewählter Visualisierung stehen unterschiedliche Möglichkeiten zur Auswahl.

Das Malerpinselsymbol trägt den Namen Format. Hier kann man die ausgewählte Visualisierung formatieren. Hier stehen ebenso je nach Visualisierung unterschiedliche Möglichkeiten zur Auswahl.

Ganz rechts im Bereich Felder sind alle Tabellen mit den enthaltenen Spalten und Measures aufgelistet, die für die Visualisierungen zur Verfügung stehen.

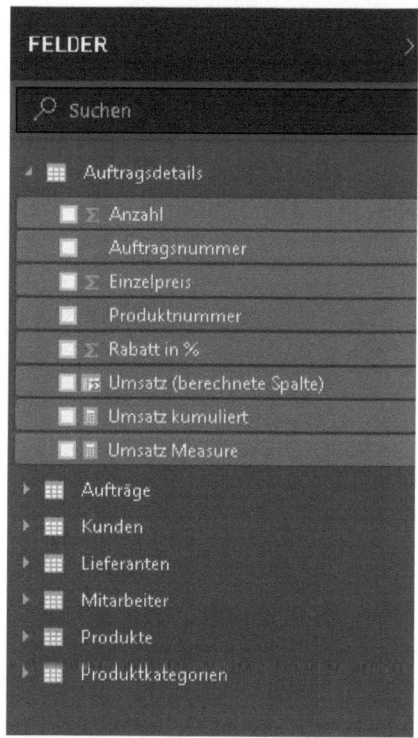

Zum Auswerten steht uns das Umsatz Measure unter Berücksichtigung jeder denkbaren Dimension als Auswertungskriterium zur Verfügung.

Ich werde Ihnen nun anhand einiger Beispiele detailliert zeigen, wie wir unsere Daten visualisieren können und dynamische, interaktive Berichte erstellen können, die für den Berichtsempfänger einen deutlichen Mehrwert gegenüber den üblichen Berichten in Form von Exceldateien liefert.

Auch hier ist es natürlich wieder von Vorteil, wenn Sie das gelesene direkt umsetzen. Ähnlich wie in Excel sehen Sie links unten eine Art Tabellenreiterlasche mit der Bezeichnung „Seite 1". Hier nehmen wir durch einen Doppelkick eine Umbenennung auf „Umsatzauswertung" vor.

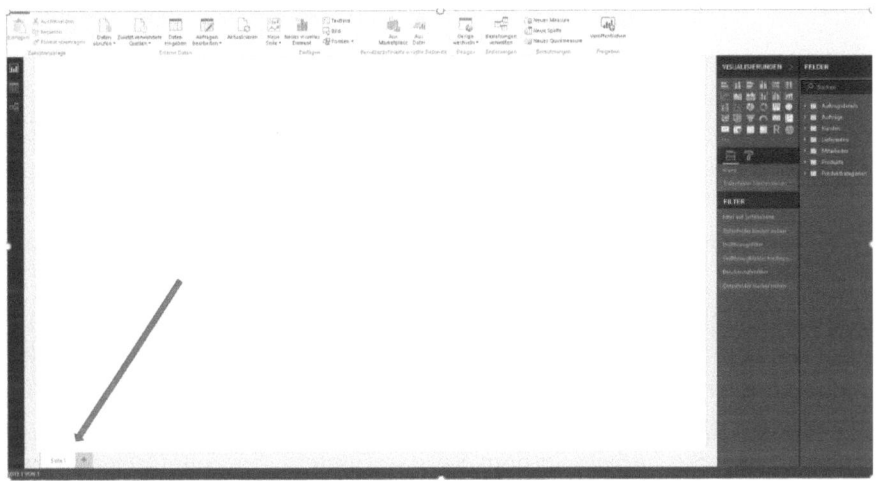

Vor sich sehen Sie nun eine leere Seite. Dieser Platz steht zur Verfügung für den ersten Bericht.

Zu allererst fügen wir dem leeren Bericht eine Überschrift hinzu. Hierzu gehen Sie im Reiter Start auf Textfeld.

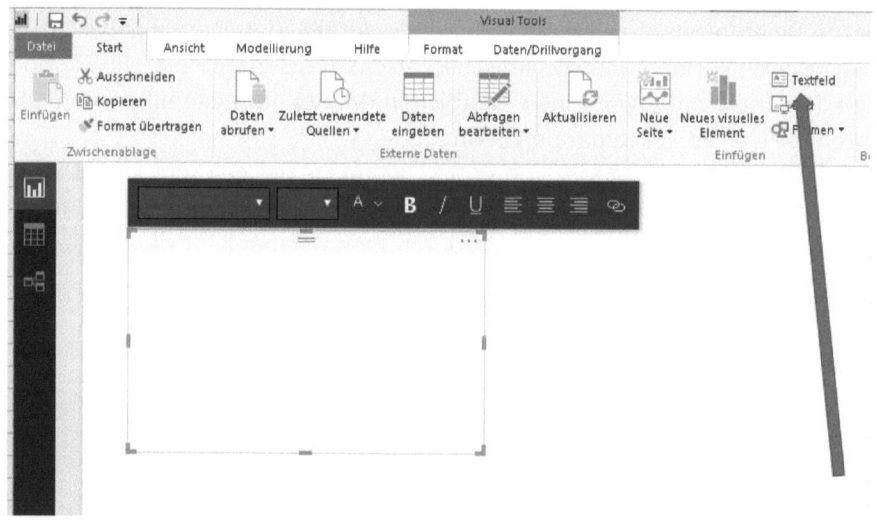

Es erscheint nach der Betätigung ein leeres Textfeld. Dieses können Sie in Größe, Position und Form ändern.

Die Position können Sie ändern, in dem Sie das Textfeld im oberen (leicht gräulichen Balken) mit einem Linksklick auf Ihrer Maus festhalten, an die gewünschte Position verschieben und anschließend einfach loslassen. Diese Methode lässt sich auf sämtliche Visualisierungen in Power BI anwenden.

Die Größe können Sie ändern, in dem Sie das Textfeld durch Betätigung der linken Maustaste an den dunkelgrauen Rahmenabsetzungen (welche sich an den Ecken und jeweils in der Mitte der Seiten des Textfeldes befinden) festhalten, auf die gewünschte Größe ziehen und loslassen. Diese Methode lässt sich ebenfalls auf sämtliche Visualisierungen in Power BI anwenden.

Nun befüllen Sie das Textfeld bitte mit dem Text „Umsatzauswertung" und platzieren Sie das Textfeld links oben in die Ecke. Sie können das Textfeld mit einem Text befüllen, in dem Sie in das Textfeld klicken und den gewünschten Text eingeben. Ebenso haben Sie an dieser Stelle die Möglichkeit, den Text direkt zu formatieren.

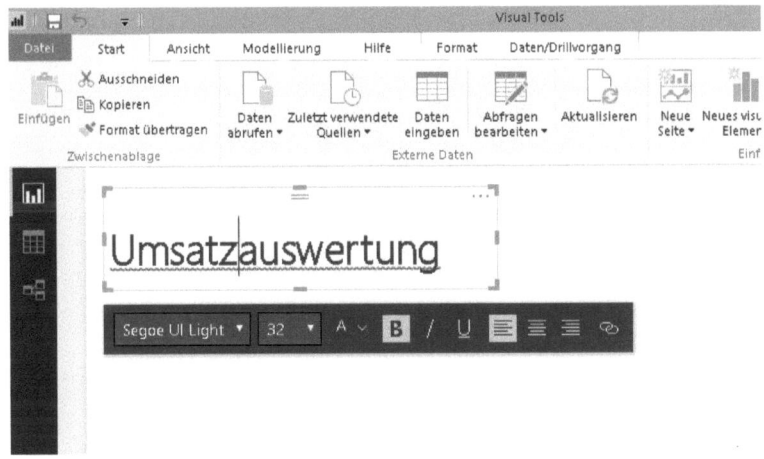

Nun fügen wir die erste Visualisierung hinzu. Wählen Sie bitte ein gestapeltes Säulendiagramm.

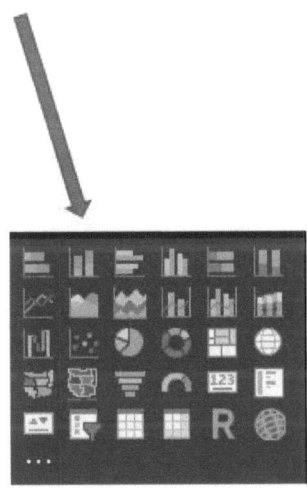

Nach Betätigung der Schaltfläche erscheint die gewünschte, aber noch inhaltslose Visualisierung auf Ihrem Bericht.

Dieser Visualisierung weisen wir nun die gewünschten Daten hinzu. Hierzu klicken Sie bitte auf das Symbol unterhalb der Visualisierungsauswahl, welches wie zwei gestapelte Rechtecke aussieht.

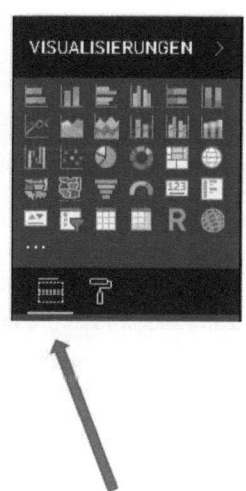

Wichtig ist, dass die entsprechende Visualisierung auch zur Bearbeitung aktiviert ist. Dies geschieht dadurch, dass Sie einfach einen Mausklick auf die gewünschte Visualisierung machen. Ob eine Visualisierung aktiviert ist, oder nicht, erkennen Sie an der Umrandung der Visualisierung.

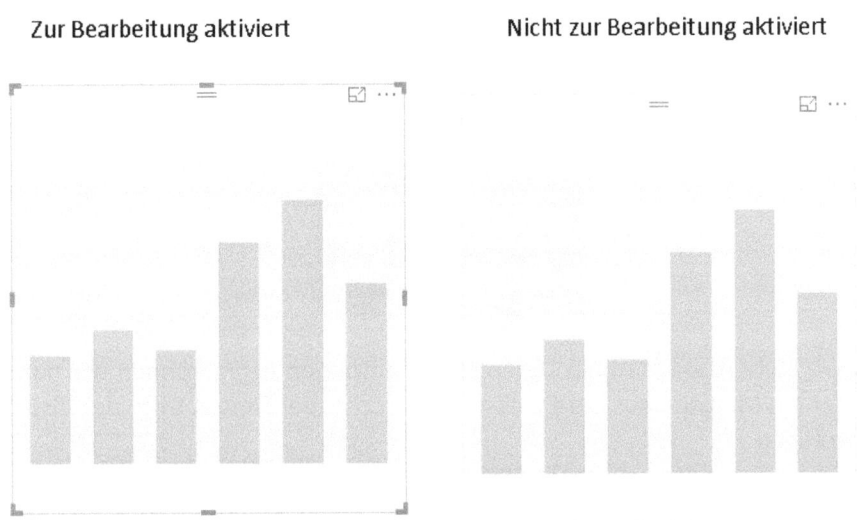

Haben Sie alles so wie beschrieben durchgeführt, öffnet sich folgende Feld:

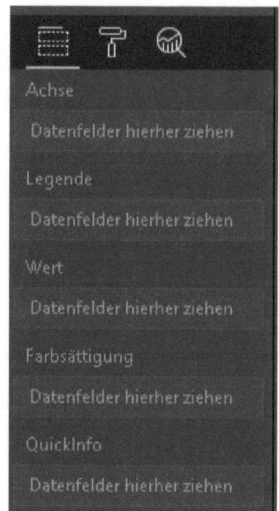

Überall, wo steht, dass man ein Datenfeld hineinziehen kann, können wir nun eine Spalte oder ein Measure aus der Feldliste ganz rechts per Drag & Drop der Visualisierung hinzufügen.

Neben dem, was ich hier zeige, sind Sie natürlich dazu aufgefordert, immer darüber hinaus auszuprobieren, was sich hinter den jeweiligen Visualisierungen, Feldern und Optionen verbirgt, zu denen ich hier nichts Weiteres schreiben werde.

Für dieses Beispiel ziehen Sie bitte aus der Tabelle Auftragsdetails das Umsatz Measure in das Feld „Wert" und die berechnete Spalte „Monat &Jahr in das Feld Achse. Die Feldeinstellungen sollten nun wie folgt aussehen:

Und das Diagramm sollte so aussehen:

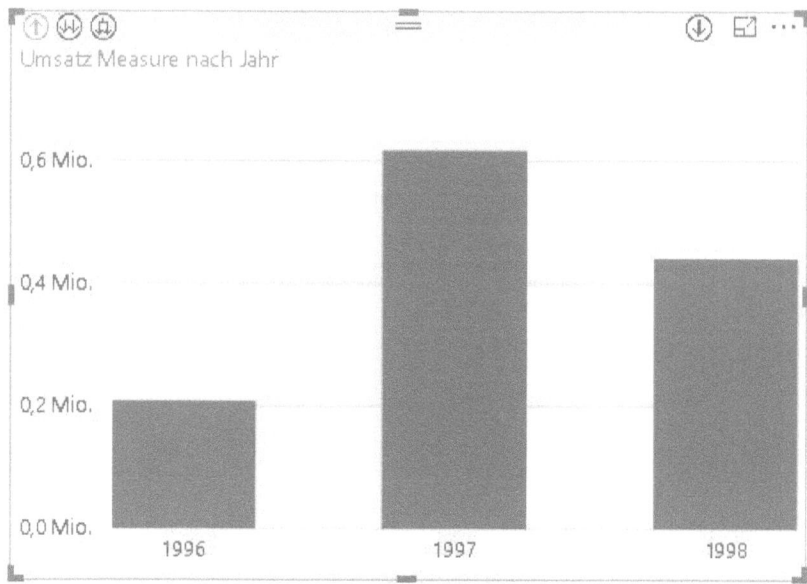

Sie sehen nun eine Auswertung des Umsatzes im zeitlichen Verlauf. Jeder der drei Balken stellt dabei die Summe des Umsatzes im jeweiligen Jahr dar.

Sie haben an dieser Stelle bereits die Möglichkeit, etwas tiefer in die Daten einzutauchen.

Aktivieren Sie nun bitte den Pfeil in der rechten oberen Ecke des Diagramms mit einem Mausklick.

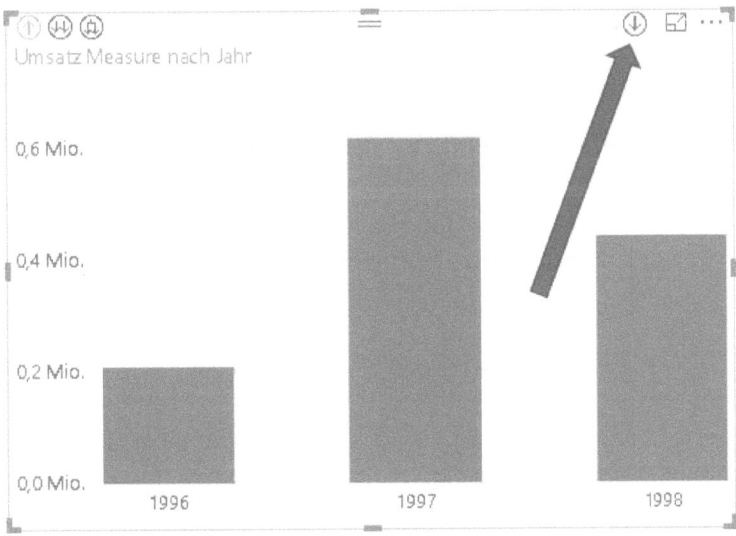

Sobald dieser Pfeil aktiviert ist, kehrt sich die Farbe des Pfeilsymbols um und Sie haben die Möglichkeit, per Drilldown über eine Datumshierarchie tiefer in die Daten einzutauchen.

Bewegen Sie nun den Mauszeiger auf einen der drei Balken, beispielsweise auf den 1997er Balken und klicken Sie einmal mit der linken Maustaste. Sie sehen daraufhin den Umsatz des Jahres 1997 im zeitlichen Verlauf gegliedert nach Quartalen.

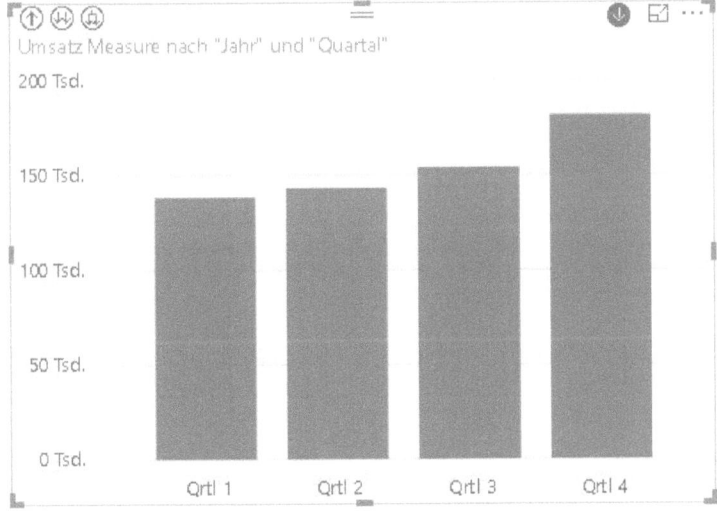

Von hier aus haben Sie die Möglichkeit, noch tiefer einzutauchen. Klicken Sie nun auf den Balken des Umsatzes im 3. Quartal und Sie gelangen auf die nächst tiefere Hierarchie Ebene.

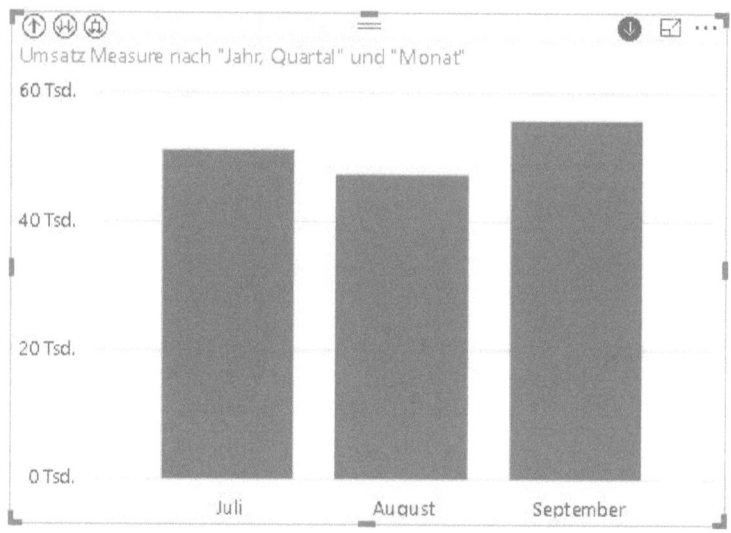

Klicken Sie nun auf den Balken des August Umsatzes und Sie sehen die Höhe des Umsatzes taggenau.

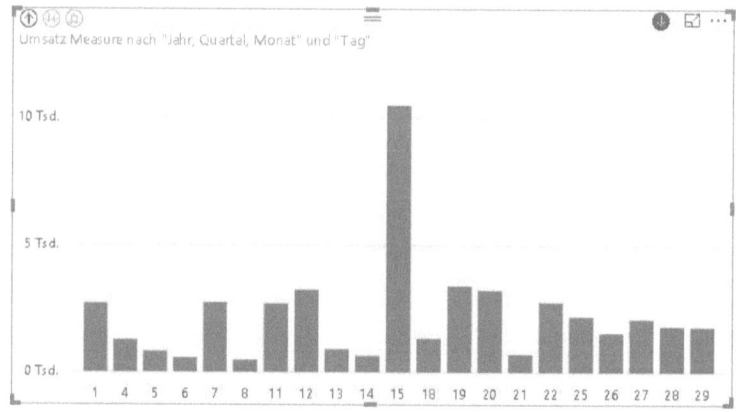

Möchten Sie in der Hierarchiestufe wieder weiter nach oben wechseln, klicken Sie einfach auf den Pfeil am linken, oberen Rand der Visualisierung.

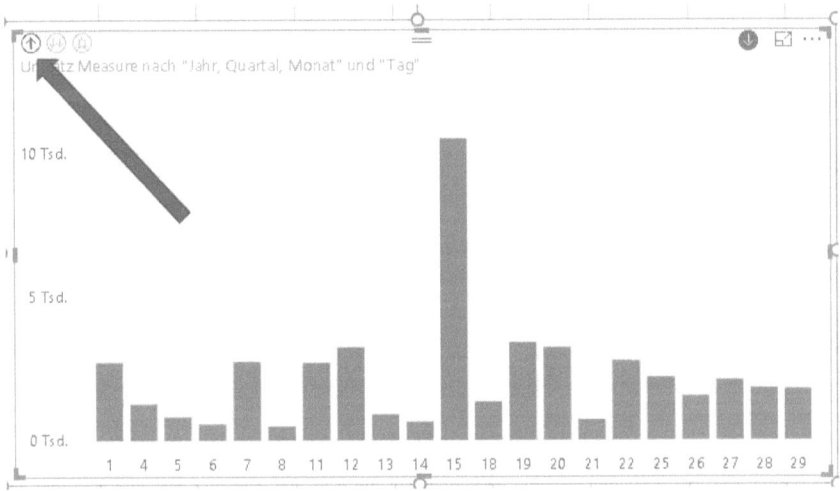

Klicken Sie sich nun bitte wieder ganz nach oben in die oberste Hierarchieebene.
Es gibt unterschiedliche Möglichkeiten, sich zwischen den Hierarchieebenen zu bewegen.
Betätigen Sie nun bitte das Symbol mit den beiden Pfeilen rechts neben dem Pfeil, mit dem Sie sich eine Hierarchieebene höher bewegen.
Das Ergebnis sieht wie folgt aus:

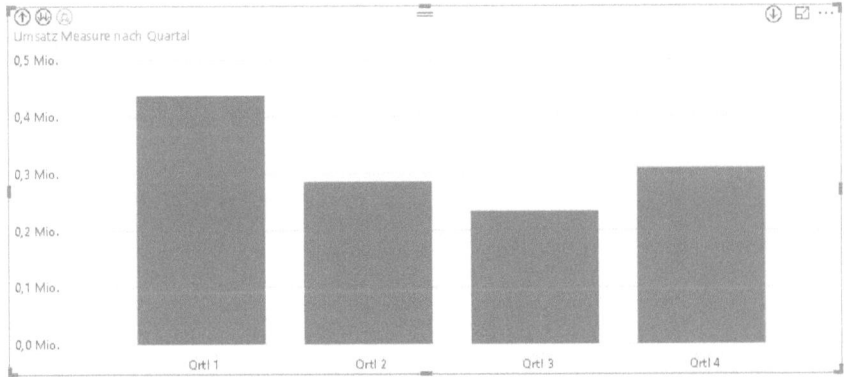

An dieser Stelle ist es wichtig zu realiseren, was genau man sehen möchte und was tatsächlich zu sehen ist.

Es ist auf dem ersten Blick nicht ganz eindeutig, aber was Sie hier sehen ist die Summe aller Umsätze gruppiert nach Quartalen, und zwar aus allen Jahren.

Das bedeutet, dass der Balken „Quartal 1" die Summe aller Umsätze erhält, die in den Jahren 1996,1997 und 1998 jeweils im 1. Quartal gemacht wurden.

So eine Betrachtung macht in meinen Augen wenig Sinn, die Art und Weise, wie Sie sich soeben in einer Hierarchieebene nach unten bewegt haben, kann bei einer anderen Datengrundlage jedoch durchaus Sinn ergeben.

Klicken Sie das Symbol mit den zwei nach unten gerichteten Pfeilen erneut, erhalten Sie denselben Effekt jeweils für die nächst tiefere Hierarchieebene (die Daten sind zuerst nach Monaten gruppiert und in der tiefsten Hierarchieebene nach Tagen).

Gehen Sie nun bitte mit dem Pfeil ganz links wieder in die oberste Hierarchieebene und testen Sie, was passiert, wenn Sie das rechte Symbol mit den beiden abwärts gerichteten, verbundenen Pfeilen betätigen.

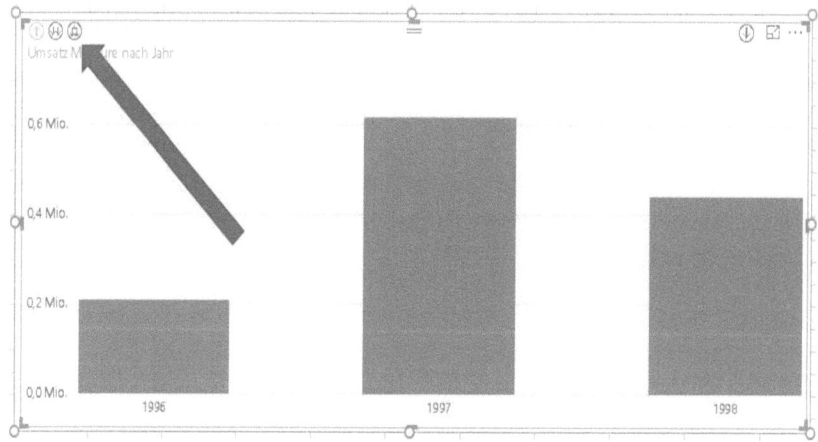

Das Ergebnis sieht wie folgt aus:

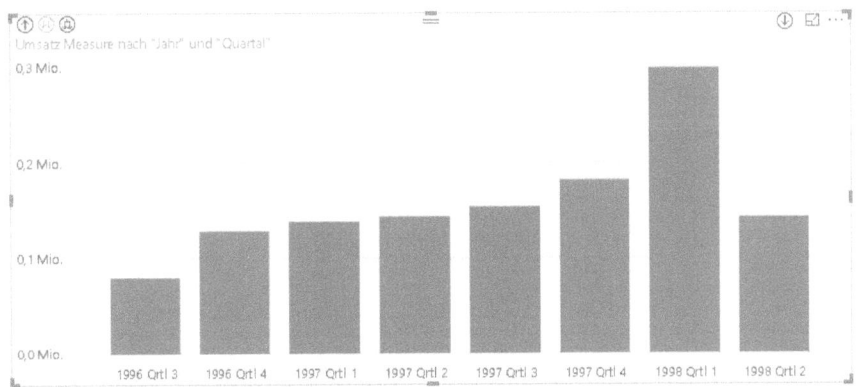

Diese Betrachtung macht umeiniges mehr Sinn wie die Letzte.

Sie sehen den Umsatz gruppiert nach Quartalen im chronologisch korrekten Verlauf.

Gehen Sie mit dem Symbol in die nächsten Hierarchiestufen nach unten, wechselt die Gruppierung zu Monate und zu guter letzt zu Tagen).

Im Zusammenhang mit den Hierarchien besteht die Möglichkeit, den Berichtsempfänger nur Zugriff auf von Ihnen festgelegte Hierarchiestufen zu gewähren. Stellen Sie sich vor, Sie möchten den Berichtsempfängern nur Zugriff auf die Hierarchiestufe Jahr und Monat gewähren.

In diesem Fall deaktivieren Sie im Feld „Achse" einfach per Klick auf das x rechts neben den jeweiligen Hierarchieebenen die Ebenen, dessen Zugriff Sie unterdrücken möchten. Deaktivieren Sie in diesem Fall nun bitte die Hierarchieebenen Quartal und Tag.

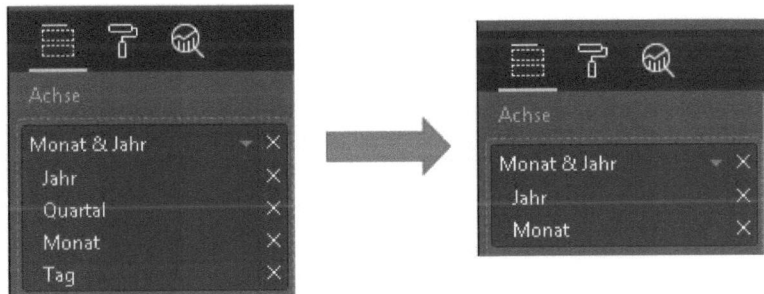

Sie können sich nun wie zuvor erlernt durch die Hierarchieebenen bewegen, lediglich ist die Ebene Quartal und Tag nicht mehr verfügbar in dieser Visualisierung.

Ebenso besteht die Möglichkeit, überhaupt nicht zuzulassen, dass der Berichtsempfänger sich durch unterschiedliche Hierarchieebenen bewegt.

Hierzu klicken Sie im Feld Achse rechts neben Auftragsdatum (Datum) bitte auf den kleinen aufklappbaren Pfeil und wählen Sie „Monat & Jahr".

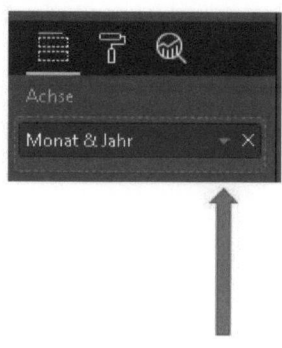

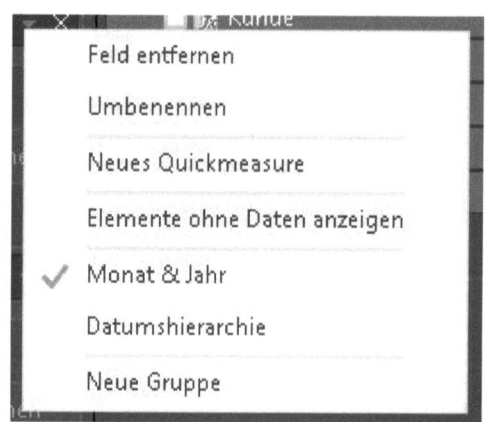

Das Ergebnis sieht wie folgt aus:

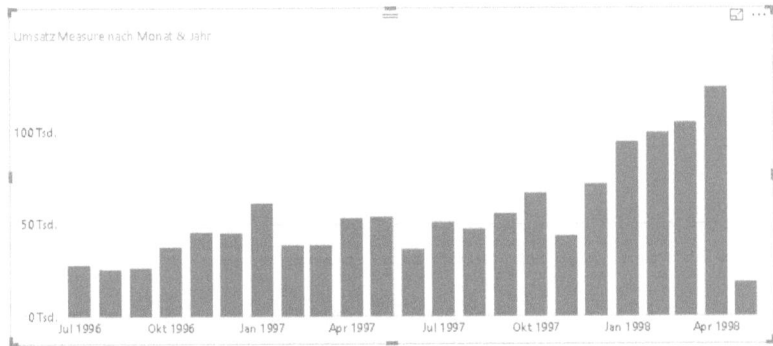

Sie sehen nun den Umsatz gruppiert nach den Werten, die in der Spalte „Monat & Jahr" enthalten sind. Da wir die Spalte von vornherein so gestaltet haben, dass nur ein Datum eines jeden Monats enthalten ist (immer der Erste Tag eines jeden Monats) erhalten wir hier eine sehr übersichtliche, chronologische Ansicht der Umsatzentwicklung.

Diese Visualisierung werden wir für diesen Beispielbericht nun so beibehalten.

Es besteht die Möglichkeit, an dieser Stelle der Visualisierung noch eine weitere Dimension hinzuzufügen. Zum Beispiel ist es nun möglich zu sehen, mit welchen Produktkategorien der angezeigte Umsatz erzielt wurde. Ziehen Sie dazu bitte aus der Tabelle Produktkategorien die Spalte „Produktkategorie – Bezeichnung" in das Feld „Legende".

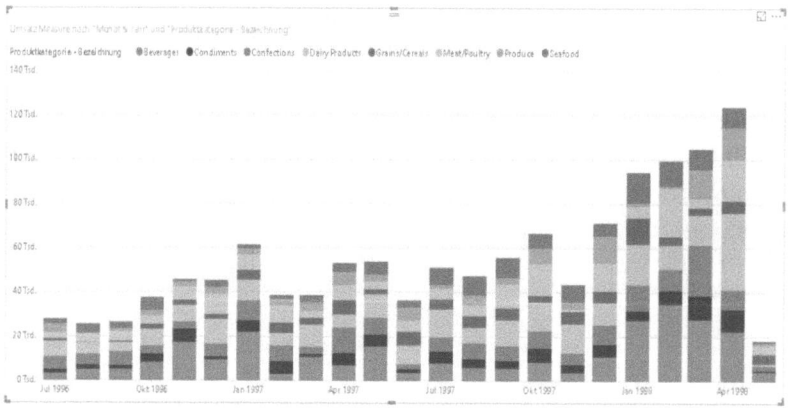

Diese Funktion zu nutzen kann zu einem erheblichen Informationszugewinn führen, jedoch wird die Visualisierung an dieser Stelle sehr unübersichtlich, da es recht viele Produktkategorien gibt. Hätte es beispielsweise lediglich drei unterschiedliche Produktkategorien gegeben, hätte das hinzufügen der Produktkategorie durchaus Sinn ergeben, aber da es in unserem Beispiel hauptsächlich zu Unübersichtlichkeit führt, entfernen Sie bitte die Spalte „Produktkategorie – Bezeichnung" aus dem Feld „Legende". An dieser Stelle wollte ich lediglich auf die Möglichkeit hinweisen, vielleicht verfügen Sie ja über Daten, wo eine derartige Auswertung mehr Sinn ergibt.

Es gibt jedoch noch eine andere Möglichkeit, tiefer in die Daten einzutauchen. Ziehen Sie hierfür das Feld „Produktkategorie-Bezeichnung" in die Achse unterhalb von Monat & Jahr.

Auf dem ersten Blick werden Sie denken, nichts hat sich verändert, doch bei genauem hinsehen werden Sie feststellen, dass im oberen Bereich der Visualisierung die Schaltflächen für den Drilldown wieder aufgetaucht sind.

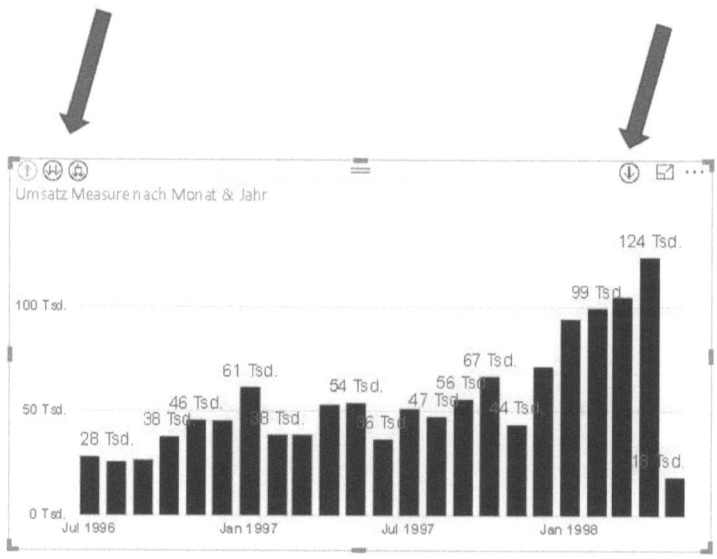

Aktivieren Sie bitte den Pfeil auf der rechten Seite. Nun können Sie auf einen der Umsatzbalken klicken und Sie sehen auf übersichtlicher Art und Weise, wie viel Umsatz Sie im ausgewählten Monat mit welchem Produkt gemacht haben.

An dieser Stelle möchte ich den Abschnitt über das erstellen und befüllen einer Visualisierung beenden. Theoretisch könnte ich sämtliche Visualisierungen durchgehen und die Funktionsweisen beschreiben, ich denke, es macht jedoch mehr Sinn, wenn Sie mit dem soeben erlernten die übrigen Visualisierungen selber ansehen und die Funktionsweisen und Möglichkeiten ausprobieren.

2.22 Formatieren von Visualisierungen

Als nächstes werden wir uns der Formatierung der Visualisierung zuwenden. Es gibt in Power BI die Möglichkeit, jede Visualisierung individuell zu gestalten. Hier werde ich ebenso wie bei der Erstellung der Visualisierung anhand der von uns soeben erstellten Visualisierung die Möglichkeiten aufzeigen, die es grundsätzlich gibt. Jede Visualisierung hat jedoch Ihre eigenen Möglichkeiten, die Sie im Anschluss an die folgenden Seiten am besten auf eigene Faust erforschen.
Klicken Sie auf das Malerpinselsymbol um in den Bereich zu gelangen, wo Formatierungen verändert werden können.

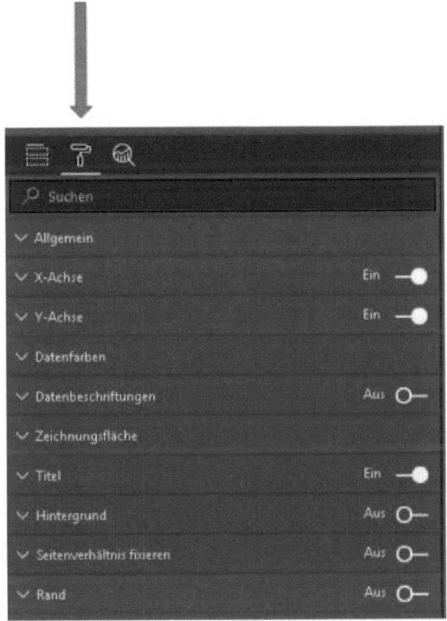

Wir möchten an dieser Stelle die verwendete Schriftart ändern, die Schriftgröße, die Farbe der Balken und zudem möchten wir der Visualisierung Gitternetzlinien, Datenbeschriftungen und einen Titel hinzufügen.
Das Formatieren einer Visualisierung geht in Power BI bei weitem nicht so einfach und intuitiv, wie es zum Beispiel in Excel der Fall ist. Zudem wirken die Formatierungsmöglichkeiten derzeit noch recht starr, da man bei weitem nicht völlig frei in

dem ist, was man formatieren möchte. Jedoch werden hier die Möglichkeiten mit nahezu jedem Power BI Update etwas ausgebaut.

Wie oben bereits beschrieben, finden wir die Formatierungsoptionen hinter dem Malerpinselsymbol.

Ein Klick auf das Symbol offenbart weitere Unterpunkte, unter denen man die Möglichkeit hat, vorgegebene Formatierungsparameter zu verändern. Es ist beispielsweise nicht möglich, mit der Maus auf die Schrift in einer Visualisierung zu klicken und dadurch die Schriftart oder Schriftgröße zu verändern, jegliche Formatierung wird über den Bereich hinter dem Malerpinsel gesteuert.

Schriftart und Schriftgröße:

Zuerst möchte ich die Schriftart in der ganzen Visualisierung auf Arial abändern und die Schriftgröße auf 10 abändern.

Betrachten wir die Visualisierung, stellen wir fest, dass sich Beschriftung an der X-Achse, an der Y-Achse sowie im Titel befindet. Die Schriftart und Größe des Titels kann später bearbeitet werden.

Klappen Sie nun bitte zuerst die Formatierungsmöglichkeiten der X-Achse auf.

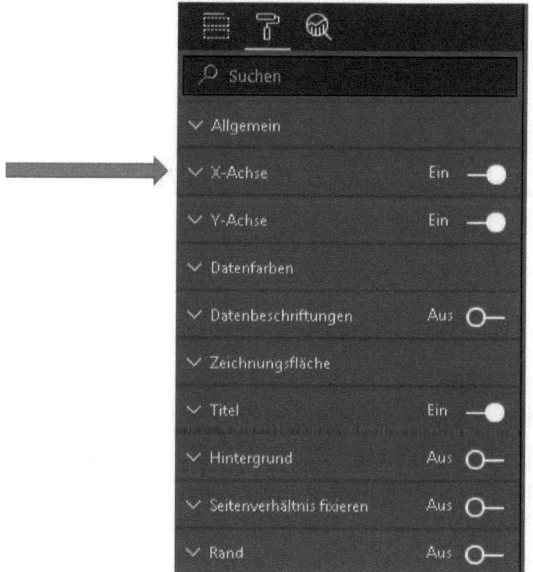

Was Sie nun sehen, sind sämtliche Formatierungsoptionen, die Ihnen für die X-Achse zur Verfügung stehen. Da ich in diesem Buch bei weitem nicht auf alle Formatierungsoptionen eingehen werde, sind Sie auch an dieser Stelle dazu aufgefordert, auszuprobieren, wie sich die Optionen auf die einzelnen Visualisierungen auswirken. Unterschiedliche Visualisierungen haben meist auch unterschiedliche Formatierungsoptionen zur Verfügung.

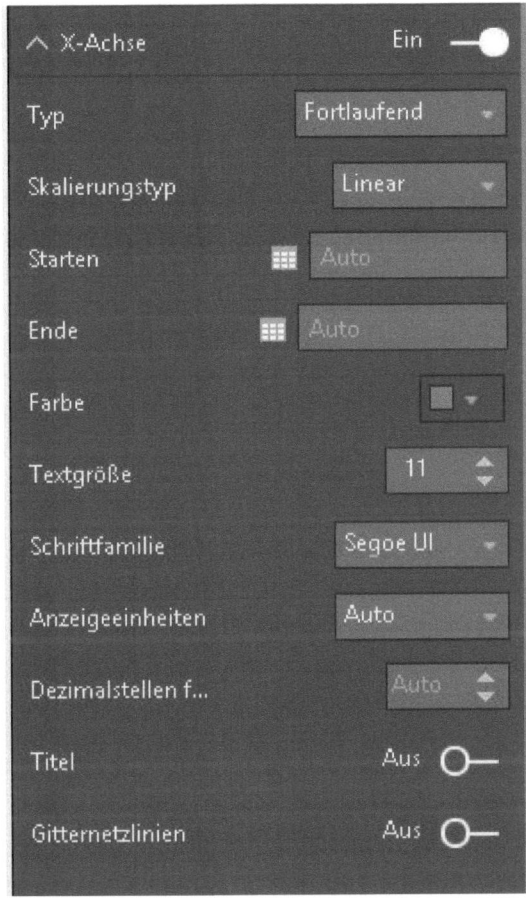

Wählen Sie nun unter dem Punkt Schriftfamilie die Schrift „Arial" und darüber als Textgröße 10 aus. Das selbe wiederholen Sie bitte unter den Formatierungsoptionen der Y-Achse.
Somit hätten wir den ersten Punkt erledigt.

Datenfarben:

Um die Farbe der Balken zu verändern, öffnen Sie nun bitte die Formatierungsoptionen der Datenfarben. Klicken Sie hier einfach auf den Pfeil neben dem Feld mit der Farbe und wählen Sie Ihre Wunschfarbe aus. Die hier zur Verfügung stehenden Farben sind recht beschränkt. Sie haben zudem jedoch noch die Möglichkeit, unterhalb der Farbpalette auf „Benutzerdefinierte Farbe" zu klicken. Hier haben Sie die Möglichkeit, aus allen existierenden Farben Ihre Wunschfarbe zu wählen. Auch per Hexadezimalcode, so können Sie Ihre Berichte an das Corporate Design Ihres Unternehmens anpassen.

Datenbeschriftungen:

Des Weiteren besteht die Möglichkeit, den Balken der Visualisierung eine Datenbeschriftung hinzuzufügen, an denen Sie direkt die Umsatzhöhe ablesen können. Hierzu können Sie direkt rechts neben der Formatierungsoption der Datenbeschriftungen den Schieberegler von Aus auf Ein umstellen und schon erscheinen die gewünschten Datenbeschriftungen. Um hier auch die Schriftart auf Arial mit der Schriftgröße 10 umzustellen öffnen Sie bitte die Formatierungsoptionen der Datenbeschriftungen und nehmen Sie die entsprechende Einstellung vor. Ihnen ist vielleicht aufgefallen, dass sich die Datenbeschriftungen nur an jeden zweiten Balken befinden. Um dies zu verändern und die Beschriftung an jeden Balken anzuzeigen, ändern Sie den Schieberegler der Beschriftungsdichte auf 100%.

Titel:

Jede von Ihnen erstellte Visualisierung erhält automatisch einen Titel (Überschrift). Im Formatierungsbereich im Unterpunkt Titel haben Sie die Möglichkeit, den Titel zu verändern und die Schrift zu formatieren.

Ich denke, dass ich somit auf die wichtigsten Formatierungsoptionen eingegangen bin und das Prinzip rübergebracht habe, wie grundsätzlich Formatierungen angepasst werden lönnen. Wie oben bereits erwähnt, möchte ich Sie jedoch dazu ermuntern, sämtliche unterschiedliche Formatierungsmöglichkeiten bei den Visualisierungen selbst auszuprobieren.

2.23 Berichte interaktiv und dynamisch gestalten

Es wäre ohne weiteres möglich, in Power BI einen statischen Bericht zu kreieren, den man sich zwar ansehen kann, der jedoch keinerlei Interaktivität bietet. Mit so einem Bericht hätte man das große Potential, dass Power BI Ihnen bietet, nicht annähernd ausgeschöpft. Es macht in nahezu jedem Fall Sinn, seine Berichte interaktiv und dynamisch zu gestalten.

Unter „interaktiv und dynamisch" verstehe ich im Sinne von Power BI, diverse Filter und Slicing Möglichkeiten in die Berichte einzubauen und an Stellen, wo es Sinn macht, einen Datendrilldown zu erlauben.

Es gibt noch weitere Möglichkeiten, einen Bericht dynamisch zu gestalten, zum Beispiel in dem man dem Berichtskonsumenten erlaubt, sich über eine Auswahl in einer Visualisierung unterschiedliche KPIs anzeigen zu lassen. Beispielsweise ein Wechsel zwischen Umsatz und Ergebnis. Diese Möglichkeit geht jedoch bereits über das Grundlagenwissen hinaus, weshalb ich es an dieser Stelle zwar erwähnen möchte, aber nicht näher beschreiben werde.

Interaktivität schafft sehr hohe Akzeptanz bei den Berichtskonsumenten (da sie etwas zum herumspielen haben) und verringert meiner Erfahrung nach auch die Anzahl von Rückfragen, die die Berichtsempfänger an die Controllingabteilung stellen, da der Berichtsempfänger sich durch einen clever gestalteten Bericht die meisten Fragen ohnehin selber beantworten kann.

Um Ihnen zu verdeutlichen, wie man einen solchen Bericht gestaltet, bauen Sie bitte mein Beispiel wie folgt nach.

Ich möchte dem Berichtsempfänger die Möglichkeit geben, den Umsatz zu Filtern nach den Ländern, in denen er realisiert wurde.

Fügen Sie unserem Bericht hierzu nun bitte eine Filtervisualisierung hinzu.

Klicken Sie auf einen freien Platz auf dem Bericht und betätigen Sie den Button für die Filtervisualisierung.

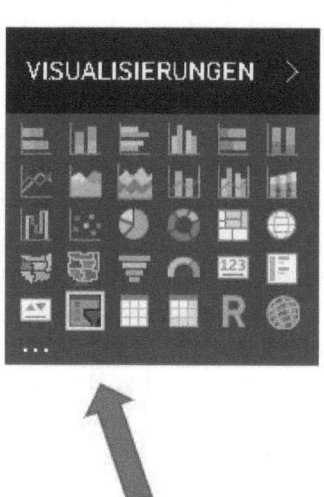

Ziehen Sie die Spalte „Land" aus der Tabelle „Kunden" in das Filterfeld und schieben Sie die Filtervisualisierung an einen geeigneten Platz innerhalb des Berichts.

So in etwa sollte Ihr Bericht nun aussehen. Die Filtervisualisierung können Sie je nach Wunsch individuell formatieren:

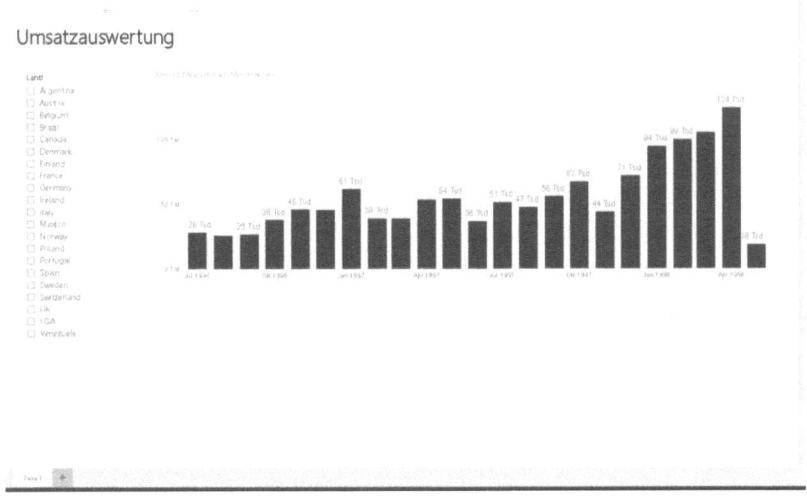

Wenn Sie nun in der Filtervisualisierung ein Land auswählen, wird das Umsatzdiagramm gefiltert und Sie sehen nur den Umsatz, der in dem von Ihnen ausgewählten Land realisiert wurde. Sie können bei gehaltener Strg Taste übrigens auch mehrere Länder gleichzeitig auswählen. Durch einen erneuten Klick auf das ausgewählte Land wird der Filter wieder entfernt.

Power BI hat es in diesem Fall automatisch so eingerichtet, dass sich das Umsatzdiagramm von der Filtervisualisierung filtern lässt. Dieses Verhalten lässt sich jedoch auch ändern.

Aktivieren Sie hierzu die Filtervisualisierung, in dem Sie einfach mit der Maus auf sie klicken und wählen Sie nun im Menüband Format und anschließend ganz links „Interaktionen bearbeiten" aus.

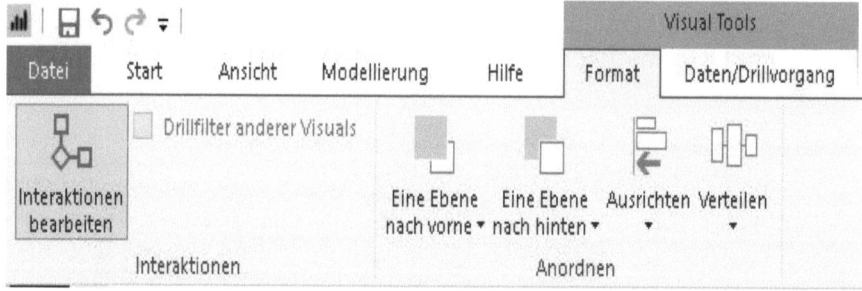

Sobald Sie dieses Feld betätigt haben, werden Sie sehen, dass im Umsatzdiagramm rechts oben zwei Symbole aufgetaucht sind.

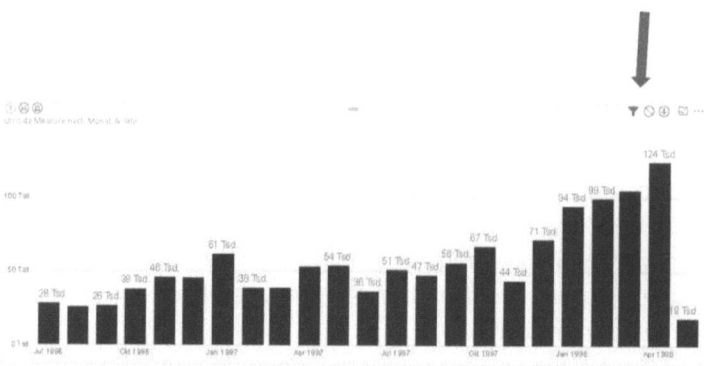

Über diese beiden Symbole, lässt sich das Verhalten dieser Visualisierung steuern, wenn in der Filtervisualisierung eine Auswahl getätigt wurde. Das gleiche Prinzip funktioniert auch mit jeder anderen Visualisierung, man kann mit nahezu jeder Visualisierung eine andere Visualisierung filtern.

Ist das Filtersymbol schwarz hinterlegt, bedeutet dies, dass die Visualisierung von der anderen Visualisierung gefiltert wird.

Ist das Stop Symbol schwarz hinterlegt, bedeutet dies, dass die Visualisierung nicht von der anderen Visualisierung gefiltert wird.

Sie können per Mausklick zwischen beiden Möglichkeiten wechseln. In diesem Fall macht es natürlich nur Sinn, wenn das Filtersymbol schwarz hinterlegt ist.
Um dieses Prinzip noch ein wenig weiter zu verdeutlichen, erstellen Sie nun bitte eine Tree Map Visualisierung im aktuellen Bericht. Klicken Sie hierzu wieder auf eine freie Fläche des Berichts und wählen Sie die entsprechende Visualisierung aus.

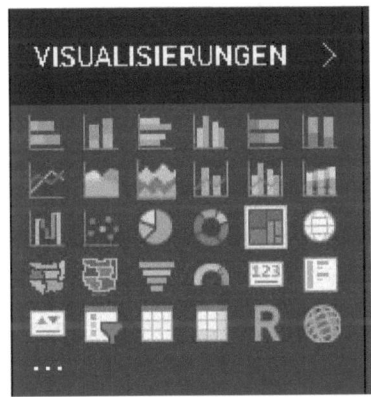

Ziehen Sie nun bitte das Measure Umsatz in die Werte und die Spalte Produktkategorie-Bezeichnung in die Gruppe.

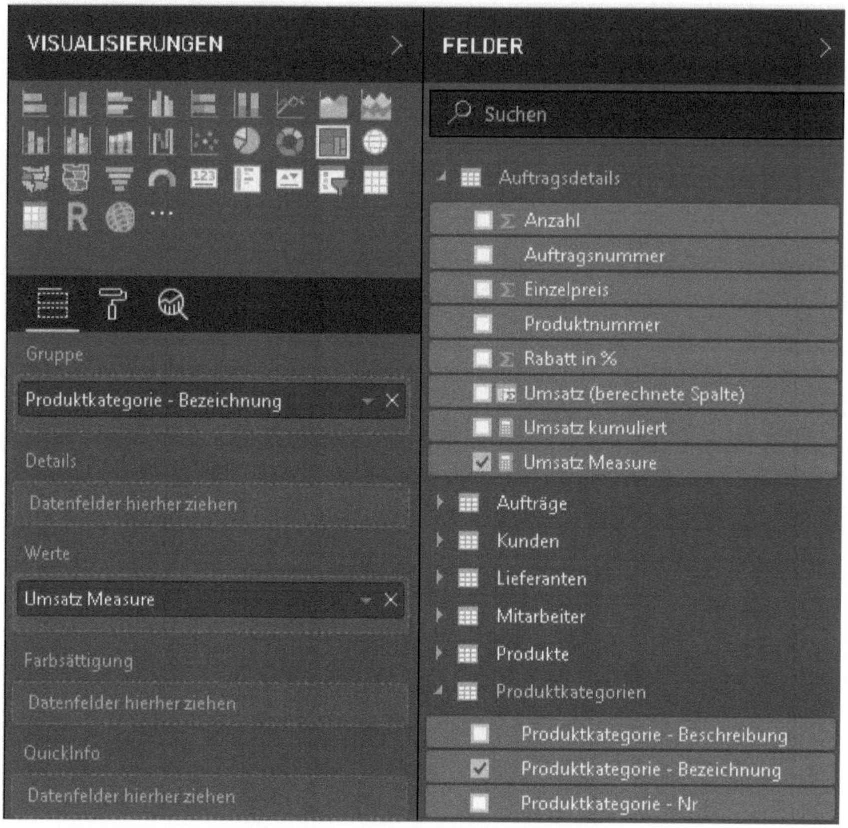

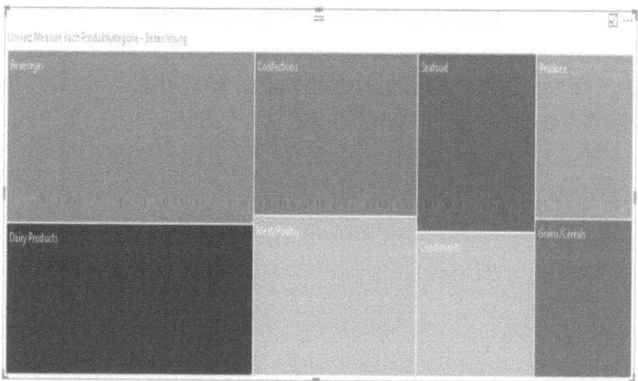

VISUALISIERUNGEN >

FELDER >

Suchen

⊿ ▦ Auftragsdetails
■ Σ Anzahl
■ Auftragsnummer
■ Σ Einzelpreis
■ Produktnummer
■ Σ Rabatt in %
■ ▦ Umsatz (berechnete Spalte)
■ ▦ Umsatz kumuliert
☑ ▦ Umsatz Measure
▸ ▦ Aufträge
▸ ▦ Kunden
▸ ▦ Lieferanten
▸ ▦ Mitarbeiter
▸ ▦ Produkte
⊿ ▦ Produktkategorien
■ Produktkategorie - Beschreibung
☑ Produktkategorie - Bezeichnung
■ Produktkategorie - Nr

Gruppe

Produktkategorie - Bezeichnung   ∨ ✕

Details

Datenfelder hierher ziehen

Werte

Umsatz Measure   ∨ ✕

Farbsättigung

Datenfelder hierher ziehen

QuickInfo

Datenfelder hierher ziehen

Die Tree Map Visualisierung sollte nun in etwa wie folgt aussehen:

Sie sehen in dieser Visualisierung anhand der Größe der Fläche, wie hoch der Umsatzanteil durch die entsprechenden Produktkategorien ist.

Wenn Sie nun in der Filter Visualisierung ein Land auswählen, sehen Sie, wie die beiden anderen Visualisierungen nach dem Filterkriterium angezeigt werden.

Allein dies bietet bereits eine sehr gute Möglichkeit, Ihre vorhandenen Daten zu analysieren.

Wenn Sie nun in der Tree Map eine der Produktkategorien anklicken, werden Sie feststellen, dass sich das anklicken ebenfalls wie eine Art Filter auf die andere Visualisierung auswirkt. Hier ist es allerdings so, dass die Daten nicht gefiltert werden, sondern lediglich der Anteil des Umsatzes mit dem angeklickten Produkt hervorgehoben wird.

Möchten Sie dieses dahingehend verändern, dass Sie die Daten lieber gefiltert sehen möchten, gehen Sie wieder auf „Interaktionen bearbeiten", aktivieren Sie die Tree Map Visualisierung und anschließend in der anderen Visualisierung rechts oben das Filtersymbol.

Ihnen ist sicherlich nicht entgangen, dass hier nun ein weiteres Symbol aufgetaucht ist.

Durch dieses Symbol aktivieren / deaktivieren Sie das hervorheben der Daten.

Andersherum funktioniert das Filtern /Hervorheben genauso. Markieren Sie im Umsatzbalkendiagramm einen Monat per Mausklick und Sie werden sehen, wie die Tree Map auf die Auswahl reagiert. Wie Sie die Reaktion ändern können, wissen Sie jetzt.

Wir haben nun einen recht einfachen, aber dennoch beeindruckenden Bericht erschaffen, der Ihnen durch die Interaktionen zwischen den unterschiedlichen Visualisierungen in Kombination mit der Filtervisualisierung spielerisch tiefe Einblicke in Ihre Daten erlaubt, die Sie zuvor vermutlich nur durch das Auswerten von Exceltabellen erzielen konnten.

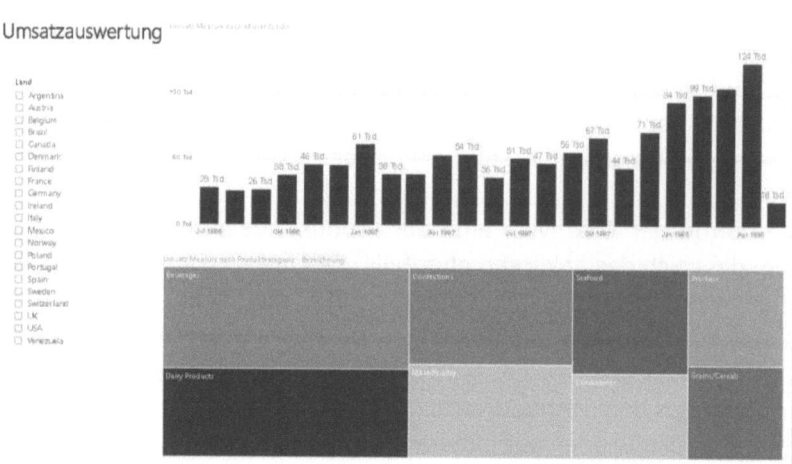

Umsatzauswertung

Mit diesem Bericht stehen Sie erst am Anfang dessen, was möglich ist. Um diesen Bericht zu verfeinern, könnten Sie ihn farblich am Corporate Design Ihres Unternehmens anpassen und natürlich noch beliebig weitere Visualisierungen hinzufügen, nachdem Sie sich mit deren Funktionsweisen vertraut gemacht haben.

Ich bin mir sicher, Sie brennen bereits darauf, die gelernten Grundlagen an Ihren eigenen Daten auszuprobieren und die ersten Berichte zu erstellen. Natürlich können Sie zum Ausprobieren auch die Möglichkeiten des von uns erstellten Datenmodells ausreizen. Die Grundlagen dafür, sollten Ihnen nun klar sein. Weitere Expertise werden Sie schnell während der Arbeit mit dem Programm erlernen.

2.24 Custom Visuals

Ihnen mag vielleicht die Anzahl der zur Verfügung stehenden Visualisierungen etwas wenig vorkommen. Keine Sorge, es werden ständig weitere Visualisierungen von Microsoft und auch Drittanbietern entwickelt.
Hier zeige ich Ihnen, wie Sie diese Visualisierungen für sich nutzen können.
Gehen Sie hierzu bitte im Menüband auf „Start" und dann „Marketplace".

Es öffnet sich ein weiteres Fenster, wo Sie alle zur Verfügung stehenden Visualisierungen sehen können. Möchten Sie eine der Visualisierungen nutzen, klicken Sie einfach auf Hinzufügen und schont erscheint die neue Visualisierung zur Auswahl und Sie können diese dauerhaft nutzen.

2.25 Berichte hochladen und freigeben

Sie haben nun gelernt, wie man einen Bericht erstellt. Sie können diesen natürlich für sich selbst nutzen, indem Sie die Power BI Desktop Datei öffnen und mit dem Bericht arbeiten. Ebenso könnten Sie die Datei an jemanden verschicken und diese Person könnte ebenfalls mit dem Bericht arbeiten.

Möchte diese Person den Bericht aktualisieren, wird es oft schon schwierig, da die Power BI Desktop Datei von dem Ort aus, wo Sie gespeichert ist, Zugriff auf die Datengrundlage haben muss. Ebenso muss die Person, die die Aktualisierung anstößt auf die Datengrundlage berechtigt sein. Zudem ist dieses Vorgehen kompliziert, da Sie jedes Mal, wenn Sie eine Änderung an der Datei vornehmen sollten, manuell die Datei neu verschicken müssen. Zum Glück gibt es eine bessere Vorgehensweise, die ich auf den nächsten Seiten erläutern werde.

Der bessere Weg ist, den Bericht, den Sie in Power BI Desktop erstellt haben, in das Power BI Online Portal hochzuladen. Sobald der Bericht hochgeladen wurde, können Sie ihn freigeben für die Personen, die den Bericht sehen soll. Die Authentifizierung erfolgt über ein Microsoft Konto.

Um einen Bericht hochzuladen gehen Sie im Menüband auf Start und dann auf Veröffentlichen.

An dieser Stelle müssen Sie sich mit Ihrem Microsoft Konto anmelden, dem die Power BI Lizenz zugeordnet ist, falls dies nicht schon geschehen ist.

Wählen Sie „Mein Arbeitsbereich" aus und bestätigen Sie mit „Auswählen".

Der Bericht wird nun hochgeladen in Power BI Online. Derzeit können nur Sie selbst den Bericht sehen, da sie ihn für noch niemanden freigegeben haben.

Um in Power BI Online zu gelangen, öffnen Sie bitte Ihren Internet Browser und gehen Sie auf folgende Seite:

https://powerbi.microsoft.com/de-de/

Oben rechts können Sie sich über das Feld „Anmelden" mit Ihrem Microsoft Konto einloggen.

Nun sehen Sie in dem Feld auf der linken Seite des Bildschirms ein Feld mit der Bezeichnung „Mein Arbeitsbereich". Betätigen Sie bitte den Pfeil rechts daneben und es öffnet sich ein weiterer Bereich darunter, wo Sie Ihren Bericht auswählen und betrachten können.

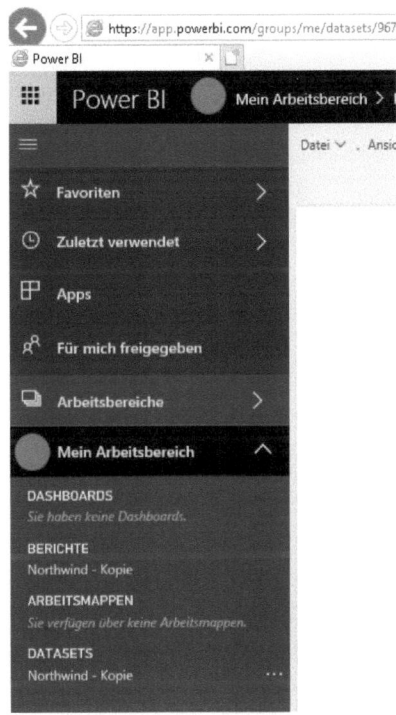

Um diesen Bericht weiteren Personen zur Verfügung zu stellen, betätigen Sie bitte relativ weit oben rechts den Menüpunkt „Freigeben".

Im nun auftauchenden Fenster geben Sie unter „Zugriff gewähren für" einfach die E-Mailadresse (Microsoft Konto mit zugeordneter Power BI Lizenz) der Person ein, die Zugriff auf den Bericht erhalten soll.

Sie können durch die Haken im unteren Bereich nun noch wählen, ob Sie der Person erlauben wollen, den Bericht weiteren Personen freizugeben (empfehle ich für die seltensten Anwendungsfälle) und mit dem zweiten Haken können Sie festlegen, ob die Person eine automatisierte Infomail erhalten soll, dass Ihr Zugriff auf den Bericht gewährt wurde.

Im Anschluss betätigen Sie ganz unten den Button „Freigeben".

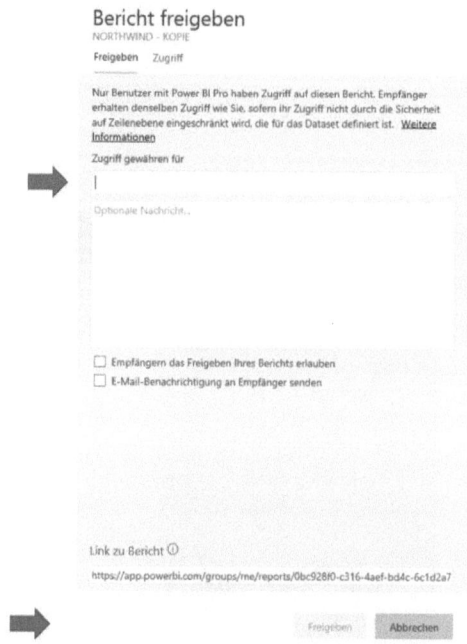

Die Person findet den Bericht nun, wenn Sie sich in Power Bi Online einloggt und den Bereich „Für mich freigegeben" öffnet.

Alternativ gibt es auch eine andere Möglichkeit, Ihre Berichte freizugeben. Klicken Sie hierzu auf den Bereich, wo „Mein Arbeitsbereich" geschrieben steht. Es erscheint eine neue Ansicht in der Mitte des Bildschirms. Wählen Sie hier „Berichte". Sie sehen nun all Ihre Berichte untereinander aufgelistet.

Unter „Aktionen" finden Sie an dieser Stelle ebenfalls das „Freigeben" Symbol. Wenn Sie es betätigen gelangen Sie zum gleichen Fenster wie zuvor beschrieben, wo Sie den Bericht für andere Personen freigeben können.

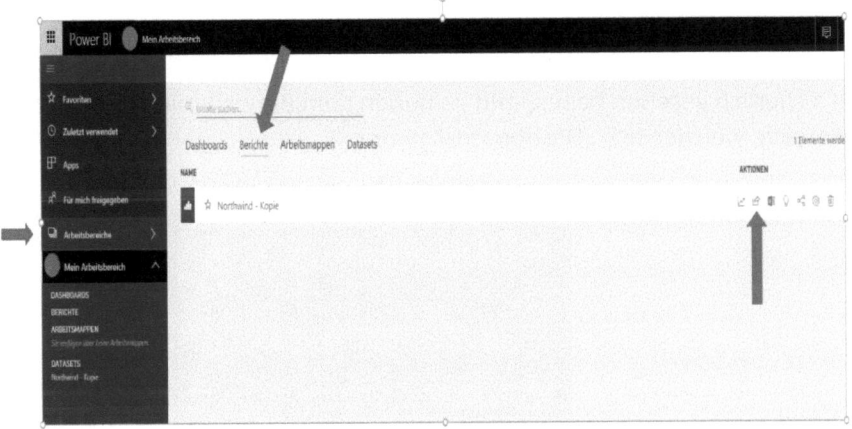

2.26 Dashboards erstellen

Wie Sie sicherlich gesehen haben, gibt es neben dem Bereich mit den Berichten auch einen Bereich, welcher sich „Dashboards" nennt.

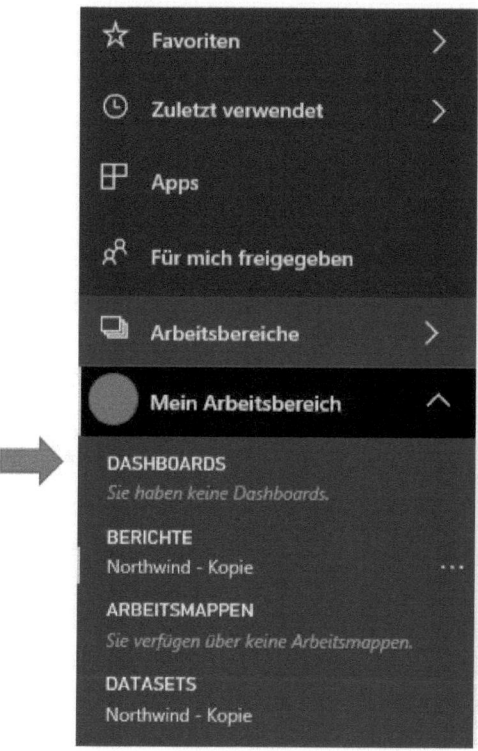

Ein Bericht wird in Power BI Desktop erstellt und zu Power BI Online hochgeladen. Ein Dashboard hingegen kann nur in Power BI Online erstellt werden.

Auf einem Dashboard hat man die Möglichkeit, einzelne Elemente aus verschieden Berichten an das Dashboard anzupinnen und direkt mit dem Bericht zu verlinken. Ebenso ist es auch möglich, ein Link zu einem anderen Dashboard zu erstellen.

Zudem lassen sich auch weitere externe Links einbauen, Überschriften und auch beispielsweise Fotos einfügen.

Ich nutze Dashboards hauptsächlich dazu, meinen Berichtskonsumenten die Navigation zwischen den Berichten zu erleichtern und bringe meine Berichte auf diese Weise in einen logischen Zusammenhang.

Jedes Dashboard lässt sich individuell freigeben, wodurch man sich seine eigene Berechtigungsstruktur innerhalb des Berichtswesens schaffen kann.

Ich werde Ihnen nun die Grundlagen zeigen, die notwendig sind, um ein Dashboard zu erstellen.

Um ein neues Dashboard zu erstellen, klicken Sie Sie bitte rechts oben in der Ecke auf „+ Erstellen" und wählen Sie „Dashboard" aus. Sie können dem neuen Dashboard nun einen Namen geben, zum Beispiel „Northwind Cockpit".

Das Dashboard muss nun noch mit Leben gefüllt werden. Dashboards bestehen aus sogenannten „Kacheln". Eine Kachel ist zum Beispiel eine Visualisierung eines Berichts. Durch Klick auf die Kachel gelangt man direkt zum Bericht.

Wie es funktioniert, werde ich aufzeigen: Zuerst klicken Sie bitte auf „+Kachel hinzufügen".

Wählen Sie das Textfeld aus und gehen Sie auf weiter.

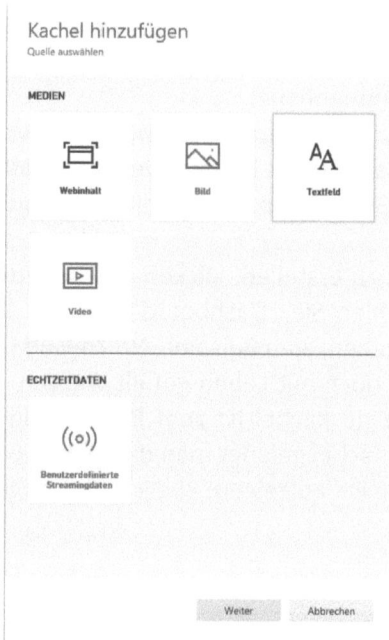

Im folgenden Fenster haben Sie die Möglichkeit, Titel, Untertitel und einen Text zu konfigurieren, der in der Kachel zu sehen ist.

Setzen Sie eine Haken bei Titel und Untertitel und schreiben Sie zum probieren etwas in die beiden Felder. Zum Beispiel „Northwind Cockpit" und „Umsatz".

Ebenso bitte in das Feld Inhalt. Beispielsweise „Auswertungen nach Länder und Produktkategorie".   Drücken Sie anschließend auf „Übernehmen". Das Textfeld erscheint nun als erste Kachel auf Ihrem Dashboard. Sie können die Position der Kachel per Drag & Drop beliebig auf dem Dashboard verschieben. Ebenso können Sie die Größe der kachel anpassen, indem Sie den Mauszeiger zum Rand der Kachel rechts unten bewegen. Greifen Sie mit der Maus das nun erscheinende Rahmensymbol in der Ecke und konfigurieren Sie die Größe der Kachel per Drag & Drop.

Die Kachel so wie Sie sie sehen, dient lediglich als Infokachel, da Sie über keine Funktion verfügt.

Sie können nachträglich jedoch die Details der Kachel bearbeiten. Klicken Sie hierzu bitte auf die drei Punkte die rechts oben in der Kachel erscheinen, wenn Sie die Maus dorthin bewegen. Wählen Sie anschließend den Punkt „Details bearbeiten" aus.

Um der Kachel eine Funktion zuzuweisen, setzen Sie weiter unten bitte den Haken bei Funktionalität. Sie haben nun zum einen die Möglichkeit, einen beliebigen, externen Link zu hinterlegen (durch Klick auf die Kachel wird dann der hinterlegte Link geöffnet). Zum Anderen haben Sie die Möglichkeit, eine Verknüpfung zu einem anderen Dashboard oder zu einem Bericht zu hinterlegen. Diesen Punkt wählen Sie nun bitte aus.

Es erscheint ein Auswahlmenü, wo Sie einen Bericht oder ein anderes Dashboard aus Ihrer Umgebung auswählen können. Da es bisher nur einen Bericht gibt, wählen Sie bitte den „Northwind Bericht" aus und bestätigen Sie mit „Übernehmen".

Wenn Sie nun in Ihrem Dashboard auf die Kachel klicken, gelangen Sie direkt zu Ihrem Bericht.

Durch einen Klick auf den „zurück" Button Ihres Internet Browsers gelangen Sie zurück zum Dashboard.

Neben der Textfeldkachel gibt es noch die Möglichkeit, eine Webinhaltkachel, Bildkachel, Videokachel oder eine benutzerdefinierte Streamingkachel zu erstellen.

Die Funktionsweisen sind vom Prinzip gleich, lediglich statt der Eingabe eines Textes können Sie zum Beispiel bei der Bildkachel eine URL zu einem Bild hinterlegen, welches auf der Kachel erscheint.

Probieren Sie es einfach aus.

Neben der Möglichkeit, eine Kachel direkt auf dem Dashboard durch „+Kachel hinzufügen" zu erstellen, gibt es noch eine weitere Möglichkeit.

Wechseln Sie hierzu bitte in den „Northwind" Bericht. Fahren Sie mit der Maus über eine Visualisierung und kliclken Sie rechts oben in der Ecke der Visualisierung auf die nun auftauchende Pin-Nadel. Damit können Sie die ausgewählte Visualisierung an ein Dashboard anheften. Wählen Sie im nun auftauchenden Fenster das „Northwind Cockpit" aus und bestätigen Sie mit „Anheften".

Auf diese Weise können Sie ein Dashboard als zentralen Hub nutzen, um von dort aus zu all Ihren Berichten zu navigieren, da Sie die Möglichkeit haben, auf einem Dashboard Visualisierungen von verschiedenen Berichten anzupinnen.

2.27 Aktualisierung der Berichte

Überlegen wir einmal, was wir bisher getan haben. Wir haben eine Power BI Desktop Datei erstellt. In dieser Datei haben wir eine Verbindung zu einer Datengrundlage hergestellt und die Daten in das Power BI Datenmodell importiert. Wichtig an dieser Stelle: In der Power BI Desktop Datei befinden sich die Daten zu dem Zeitpunkt des Datenimports, liegen mittlerweile aktuellere Daten vor, so sehen wir diese erst in der Power BI Desktop Datei, wenn wir im Menüband Start den Aktualisieren Button betätigen und den aktuellen Stand der Daten in das Power BI Datenmodell importieren. Den in der Power BI Desktop Datei erstellten Bericht haben wir in das Power BI Online Portal hochgeladen. Beim hochladen des Berichts wurden die Daten mit in das Portal hochgeladen, die zum Zeitpunkt des Hochladens in der Power BI Desktop Datei enthalten waren.

Es gibt nun drei unterschiedliche Möglichkeiten, den Bericht im Power BI Online Portal mit aktuellen Daten zu füttern.

1. Manuelle Aktualisierung über Power BI Online Portal
Bei diesem Weg stoßen Sie eine Aktualisierung des Berichts über das Power BI Online Portal manuell an.
Gehen Sie hierzu in „Mein Arbeitsbereich" und klicken Sie rechts neben Datasets auf die drei Punkte und dann auf „Jetzt aktualisieren".

134

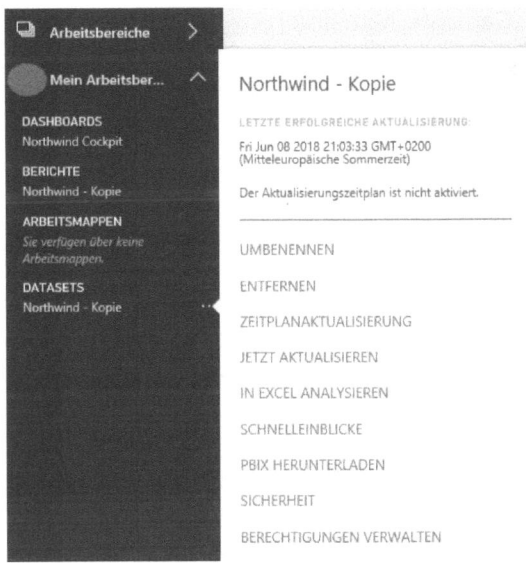

2. Manuelle Aktualisierung über Power BI Desktop Datei

Bei diesem Weg stoßen Sie eine Aktualisierung des Berichts über die Power BI Desktop Datei manuell an.

Öffnen Sie hierzu die Power BI Desktop Datei, die den Bericht enthält, aktualisieren Sie die Daten über das Menüband Start, Aktualisieren.

Anschließend gehen Sie im Menüband Start auf Veröffentlichen und laden den Bericht mit den aktualisierten Daten erneut an gleiche Stelle in das Power BI Online Portal hoch. Sie werden während des Veröffentlichungsprozesses darauf hingewiesen, dass das Dataset bereits in Power BI Online existiert. Stimmen Sie an dieser Stelle einfach zu, dass Sie das alte Dataset ersetzen möchten.

3. Automatische Aktualisierung nach Zeitplänen

Bei den ersten beiden Möglichkeiten, war es erforderlich, manuell tätig zu werden, und die Aktualisierung per Hand anzustoßen. Sie können die Aktualisierung über Zeitpläne jedoch auch so steuern, dass sobald der Bericht einmal erstellt und hochgeladen wurde, nie wieder Arbeit für Sie im Zusammenhang mit diesem Bericht anfällt (sofern keine Änderungen am Bericht selbst oder an den Freigaben erfolgen soll). Möglich ist dies über automatische Zeitplanaktualisierung.

Gehen Sie hierzu in „Mein Arbeitsbereich" und klicken Sie rechts neben Datasets auf die drei Punkte und dann auf „Zeitplanaktualisierung".

Klicken Sie nun auf „Geplante Aktualisierung" und stellen Sie den Schieberegler auf ein.

Sie können nun auswählen, ob die Aktualisierung mehrmals täglich, oder mehrmals täglich an nur bestimmten Wochentagen erfolgen soll.

Wählen Sie nun noch die Zeitzone aus, in der Sie sich befinden.

Nun können Sie noch die Uhrzeiten festlegen, zu denen eine Aktualisierung erfolgen soll und bestätigen Sie abschließend Ihre Einstellungen mit „Übernehmen".

Hinweis: Bei der Möglichkeit 1 und 3 kann es je nachdem, wo Ihre Quelldaten liegen und wie diese erreichbar sind, erforderlich sein, ein Gateway zu installieren und zu konfigurieren, welches die Datenaktualisierung über das Power BI Online Portal dann erst ermöglicht.

Um das Gateway zu installieren, gehen Sie in „Mein Arbeitsbereich" auf Dataset, klicken Sie wieder rechts daneben auf die drei Punkte und dann auf Zeitplanaktualisierung. Anschließend auf Gatewayverbindung und „Jetzt installieren". Der einzige Vorteil, den ich in der 2. Möglichkeit sehe ist der, dass die Installation eines Gateways nicht notwendig ist.

3 Schlusswort

Fassen wir einmal zusammen, was ich Ihnen in diesem Buch vermittelt habe.
Zuerst habe ich allgemeine Informationen zum Thema Business Intelligence vermittelt. Daraufhin gab es eine kurze Einleitung zum Thema Power BI. Nach der Einleitung haben wir zusammen anhand eines praktischen Beispiels eine einfache BI Umgebung erstellt. Ich hoffe, Sie haben das von mir beschriebene direkt nachbauen können und haben auch einiges dabei lernen können. Sie haben gelernt, wie man Daten in das Power BI Datenmodell importiert, wie man diese zueinander in Beziehung setzt, Berechnungen durchführt, KPIs erstellt und am Ende visualisiert. Den fertigen Bericht haben wir in das Power BI Online Portal hochgeladen, dort bin ich darauf eingegangen, wie man eine Umgebung mit Dashboards aufbaut und Berichte mit diesen verknüpft. Sie haben gelernt, wie man die Inhalte für die Berichtskonsumenten freigibt und auf welche Wege sich die Berichte aktualisieren lassen.
Ich habe bewusst einige Themen lediglich angeschnitten, da man durch ein wenig ausprobieren in Kombination mit geordnetem Denken schnell selber herausfindet, wie etwas funktioniert. Ich habe Ihnen vielmehr die Grundkenntnisse vermittelt, wie Power BI zu bedienen ist, wo die wichtigsten Funktionen zu finden sind und auf was man achten sollte. Mit diesen Grundlagen und ein wenig Neugierde werden Sie schnell Ihren Horizont ganz von selbst erweitern und große Erfolge bei der Konzipierung und Umsetzung von Projekten mit Power BI erlangen. Es mag sein, dass meine Ausführungen zum praktischen Teil des Buches wie eine Art Anleitung wirken mag, doch ich denke, dass man gerade so die Vorgehensweise gut vom Anfang bis zum Ende Schritt für Schritt nachvollziehen kann. Ich hoffe, es hat Ihnen Spaß gemacht und Sie sind mit dem gelernten zufrieden.